简明
中华人民共和国史

张星星 ○ 主编

五洲传播出版社

图书在版编目（CIP）数据

简明中华人民共和国史 / 张星星主编．-- 北京：五洲传播出版社，2019.9
ISBN 978-7-5085-4307-9

Ⅰ．①简… Ⅱ．①张… Ⅲ．①中国历史－现代史 Ⅳ．① K27

中国版本图书馆 CIP 数据核字 (2019) 第 201178 号

简明中华人民共和国史

主　　编：张星星
出 版 人：荆孝敏
责任编辑：宋博雅
图片提供：视觉中国　中新社
封面设计：紫航文化
内文制作：北京优品地带文化发展有限公司
出版发行：五洲传播出版社
地　　址：北京市北三环中路 31 号生产力大楼 B 座 6 层
邮　　编：100088
发行电话：010-82005927，010-82007837
网　　址：http://www.cicc.org.cn　http://www.thatsbooks.com
印　　刷：中煤（北京）印务有限公司
版　　次：2019 年 9 月第 1 版第 1 次印刷
开　　本：710 毫米 ×1000 毫米　1/16
印　　张：13.5
字　　数：209 千字
定　　价：88.00 元

代　序

　　一百年前,十月革命一声炮响,给中国送来了马克思列宁主义。中国先进分子从马克思列宁主义的科学真理中看到了解决中国问题的出路。在近代以后中国社会的剧烈运动中,在中国人民反抗封建统治和外来侵略的激烈斗争中,在马克思列宁主义同中国工人运动的结合过程中,一九二一年中国共产党应运而生。从此,中国人民谋求民族独立、人民解放和国家富强、人民幸福的斗争就有了主心骨,中国人民就从精神上由被动转为主动。

　　中华民族有五千多年的文明历史,创造了灿烂的中华文明,为人类作出了卓越贡献,成为世界上伟大的民族。鸦片战争后,中国陷入内忧外患的黑暗境地,中国人民经历了战乱频仍、山河破碎、民不聊生的深重苦难。为了民族复兴,无数仁人志士不屈不挠、前仆后继,进行了可歌可泣的斗争,进行了各式各样的尝试,但终究未能改变旧中国的社会性质和中国人民的悲惨命运。

　　实现中华民族伟大复兴是近代以来中华民族最伟大的梦想。中国共产党一经成立,就把实现共产主义作为党的最高理想和最终目标,义无反顾肩负起实现中华民族伟大复兴的历史使命,团结带领人民进行了艰苦卓绝的斗争,谱写了气吞山河的壮丽史诗。

　　我们党深刻认识到,实现中华民族伟大复兴,必须推翻压在中国人民头上的帝国主义、封建主义、官僚资本主义三座大山，实现民族独立、人民解放、国家统一、社会稳定。我们党团结带领人民找到了一条以农村包围城市、武装夺取政权的正确革命道路，进行了二十八年浴血奋战，完成了新民主主义革命，一九四九年建立了中华人民共和国，实现了中国从几千年封建专制政治向人民民主的伟大飞跃。我们党深刻认识到，实现中华民族伟大复兴，必须建立符合我国实际的先进社会制度。我们党团结带领人民完成社会主义革命，确立社会主义基本制度，推进社会主义建设，完成了中华民族有史以来最为广泛而深刻的社会变革，为当代中国一切发展进步奠定了根本政治前提和制度基础，实现了中华民族由近代不断衰落到根本扭转命运、持续走向繁荣富强的伟大飞跃。

我们党深刻认识到，实现中华民族伟大复兴，必须合乎时代潮流、顺应人民意愿，勇于改革开放，让党和人民事业始终充满奋勇前进的强大动力。我们党团结带领人民进行改革开放新的伟大革命，破除阻碍国家和民族发展的一切思想和体制障碍，开辟了中国特色社会主义道路，使中国大踏步赶上时代。

九十六年来，为了实现中华民族伟大复兴的历史使命，无论是弱小还是强大，无论是顺境还是逆境，我们党都初心不改、矢志不渝，团结带领人民历经千难万险，付出巨大牺牲，敢于面对曲折，勇于修正错误，攻克了一个又一个看似不可攻克的难关，创造了一个又一个彪炳史册的人间奇迹。

同志们！今天，我们比历史上任何时期都更接近、更有信心和能力实现中华民族伟大复兴的目标。

（摘自2017年10月中共十九大报告）

目 录

代　序   **003**

第一章　中华人民共和国的诞生   **008**

悠久的中华文明与历史   010
中国革命面貌焕然一新   015
土地革命战争的兴起与北上抗日   019
抗日战争的胜利   025
两个中国命运的决战   028
开国大典   032

第二章　新政权的巩固和国民经济恢复   **036**

统一全国大陆和剿灭匪患   038
稳定市场物价和统一国家财政经济   041
土地改革运动   044
抗美援朝，保家卫国   046
工商业合理调整与国民经济恢复   049

第三章　社会主义基本制度的建立   **054**

"一五"计划与工业化的初步成就   056
生产资料私有制的社会主义改造   058
第一届全国人民代表大会的召开   063
和平共处五项原则   068

第四章　社会主义建设道路的探索　072

中国社会主义建设道路的初步探索　074
"大跃进"和人民公社化运动的挫折　076
调整国民经济和社会关系　080
"四个现代化"蓝图和社会主义建设成就　082
"文化大革命"的发动、抵制和纠正　085
外交战略的调整和突破　090

第五章　拨乱反正与伟大历史转折　092

"两个凡是"和真理标准问题大讨论　094
拨乱反正和平反冤假错案　096
工作重心转移和改革开放的决策　100
指导思想拨乱反正任务的完成　104

第六章　改革开放与中国特色社会主义的开创　108

家庭联产承包责任制和乡镇企业异军突起　110
城市经济体制改革和多种经济形式的发展　113
计划经济体制的突破　116
试办经济特区和对外开放　118
中国特色社会主义的提出和开创　121

第七章　社会主义市场经济体制的初步建立　128

社会主义市场经济体制改革目标的确立　130
深化改革、扩大开放和经济软着陆　132
社会主义市场经济体制的初步建立　137
社会主义民主法治建设和"依法治国"方略　139
"小康"目标的基本实现　143

第八章　"一国两制"与祖国统一　　148

"长期打算，充分利用"　　150
"一国两制"构想　　152
香港、澳门的回归　　155
"一国两制"在香港、澳门的实践　　158
"和平统一、一国两制"　　160

第九章　全面建设小康社会与科学发展　　166

全面建设小康社会的新部署　　168
加入世界贸易组织与"走出去"战略　　172
抗击"非典"疫情与构建社会主义和谐社会　　175
中国特色社会主义法律体系建设　　179
加快社会主义文化大发展大繁荣　　181

第十章　全面建成小康社会与民族复兴新征程　　188

全面建成小康社会的新要求　　190
全面深化改革的重大部署　　192
全面推进依法治国的新进展　　195
全面从严治党与反腐败斗争　　199
经济新常态和新发展理念　　203
中国特色社会主义的新时代和新征程　　209

后　记　　215

第一章

中华人民共和国的诞生

"古老的东方有一条龙，它的名字就叫中国。"中华文明源远流长，是世界四大古老文明之一，在人类文明史上占有重要地位。

中国共产党成立后，团结和带领中国人民经过28年艰苦卓绝的斗争，逐步提出了无产阶级领导的，人民大众的，反对帝国主义、封建主义、官僚资本主义的新民主主义革命总路线，开创了一条以农村包围城市、最后夺取全国政权的正确革命道路，取得了北伐战争、土地革命战争、抗日战争和解放战争等一系列胜利，推翻了压在中国人民头上的帝国主义、封建主义、官僚资本主义三座大山，建立了中华人民共和国，实现了中国从几千年封建专制政治向人民民主的伟大飞跃。中华人民共和国的成立，开启了中华民族历史的新纪元。

悠久的中华文明与历史

历史悠久，一脉相承

中华文明原生悠久。考古发掘证明，从距今约170万年的云南元谋人，到距今3.4万年至1.6万年左右之间的北京山顶洞人，构成中华文明的原始人类。经过仰韶文化和龙山文化时期的发展，中华文明经历了从起源到逐步形成的过程。中华文明有文献记录的历史肇始于黄、炎二帝，夏代是第一个王朝，逐渐进入阶级社会，秦、汉以降止于清朝，封建社会绵延2000多年。1911年，孙中山领导辛亥革命，推翻清政权，建立资产阶级性质的"中华民国"。1949年10月1日中华人民共和国建立，中国人民从此当家做了主人，揭开了中国历史的新篇章。中华文明有文字可考的历史长达5000余年。

城市、文字、冶炼金属，被称为文明的三要素。中国较大规模的城址至少在仰韶文化的晚期已经出现，距今超过6000年。中国发现最早的完备而成熟的古代文字是商代的甲骨文和金文。在商代之前仰韶时期与龙山时期的陶器上也发现有许多刻画的符号，特别是大汶口文化、良渚文化等出现的一些符号，普遍被认为与文字有关，时间大约是公元前

甲骨文模型

2500年左右，或公元前3000年到公元前2300年间。公元前3000年左右中国出现冶炼金属技术。

中华文明一脉相承、接续发展，虽历经王朝交替，却始终连绵不绝。约在公元前3500年前后，世界先后出现古埃及文明、巴比伦文明、古印度文明、中华文明等人类四大古老文明。与其他三大古代文明相比，中华文明的起源不算最早，却是惟一从未中断过的文明。在数千年的历史演化中，中华文明的中心有过多次迁移，但整个历史都上演在欧亚大陆东部这块广袤的大地上。一块石碑、一棵古树、一座山峰、一条河流，往往都是历史的见证，彰显着深厚的文化积淀。中华文明虽历经磨难、饱受风霜，然而其文化传统却一以贯之、未曾中断。中华文明完整地保留下来，传至今天，成为人类历史上很独特的现象。

中华文明整体性延续不断的主要原因，一是中华文明地处欧亚大陆东部，东临大海，西依高山，北多沙漠，形成了保持独立完整文化系统的有利地理条件。二是中华文明分布的地域广阔、整体规模巨大，形成了一种难以征服与分割的力量，能够吸收和同化其他文明，不断丰富和完善自身。三是中华文明以血缘为纽带的关系，强烈的宗法意识、家族意识，发挥着巨大的维系文明的作用。如对中华民族共同始祖炎、黄二帝的崇拜，影响深远，使中华文明在多元发展的同时，能够一以贯之地保持完整性。四是长期存在的封建专制主义和长期占统治地位的自给自足经济，也对中国文化的延续产生了很大的影响。

多元一体，开放包容

中华文明既是多元的，也是一体的。中华文明的演进过程，是多元文明的融合而非互相灭绝的过程。秦汉以后逐渐形成的中华民族，主流是由许多分散孤立存在的民族单位，经过接触、混杂、联结和融合，形成的一个我中有你、你中有我，而又各具个性的多元统一体。各个地区的文化通过相互竞争、碰撞、融合，最终形成了完整的中华文明。中国地域辽阔，民族众多，方言隔阻，但中华民族以文化思想和文字为纽带，维系了多元一体的文化格局。

中华文明是开放和包容的文明。纵观中华文明发展历程，并不是没有闭关锁国、夜郎自大的时候，但总体上呈现开放态势。中华文明的开放是在保证自我生命机体存活基础上的适度开放，只要对自身不构成伤害，都能兼收并蓄。有所坚守而又通达，在开放中吸收异质文明、在包容中消化异质文明、在多元融会中更新自身，这是中华文明形态虽变而生命恒久的重要因素。在中华思想文化发展史上，宗派流派无论如何纷杂歧异，都能经过兼综和合、融会贯通，最终形成同中有异、异中有同，你中有我、我中有你的多元统一的思想文化体系，化为推动中国历史前进的强大精神力量。

中华文明在发展过程中，不仅没有中断，而且在不断吸收新的文明因素中得到发展、丰富。影响深远的诸子学说，浩如烟海的经史子集，气象万千的诗词歌赋，匠心独运的书画雕塑，泽被后世的四大发明，等等，这些灿烂辉煌的文化，显示出令世界惊叹的强大的生命力。

统、兴为常，分、衰为异

中华文明在统一与分裂、兴盛与衰落中交替演进，但以统一和兴盛为常态，以分裂和衰落为异态。有学者统计，自夏朝以后的约4000年间，分裂时间总计为1200余年，而统一时间则为2700多年。即使在分裂时代，分裂政权大都不甘于偏安一隅，而是把追求统一作为最重要的奋斗目标。在历史发展中，统一与兴盛大致合拍，分裂与衰落基本同步。夏商周三代，尤其是西周，文明达到了相当的高度。到了春秋战国时期，礼崩乐坏，诸侯坐大，政权下移，社会动荡。同时，新的因素也在生长，周边文明的新鲜血液不断注入中原文明。至秦汉，中国实现了更高层次的统一。秦代首创了大一统模式，以后各朝代对这一模式不断补充、修复和完善。汉王朝实现了疆土、经济、政治乃至思想的大一统，显示了朝气蓬勃的气象。从此，大一统意识在中华民族中根深蒂固，中华文明的兴衰也随着统一与分裂的交替而不断演进。

技术发明是一切人类活动的共同基础，深刻影响着人类的生活方式、经济发展和文化价值取向。在相当长的历史时期内，中华民族的技术创新居于世界领先地位。公元前约600年，中国发明了液态生铁冶炼技术，这项发明在较大范围内促进了金属工具的广泛使用和兵器的更新，将人

2015年,安徽巢湖市柘皋镇老街上,时年76岁的老人盛诗经经营的新兴印刷作坊"活态传承"着中国古代四大发明之一的活字印刷。

类历史推进铁器时代。公元前约300年,中国人发明了深井钻探技术,使人类能够获取深藏在地下的财富。中国人发明的瓷器取代了陶器,为人类抹去了石器时代留下的最后一道痕迹。举世闻名的四大发明,是中华民族对人类文明进步作出的巨大贡献:造纸术的发明,为人类提供了经济、便利的书写材料,掀起一场人类文字载体革命;印刷术的发明,大大促进了文化的传播;指南针的发明,为欧洲航海家的航海活动提供了条件;火药武器的发明,改变了作战方式,帮助欧洲资产阶级摧毁了封建堡垒,加速了欧洲的历史进程。从春秋时期到宋代的1800多年间,中国在获取自然知识并将其应用于人类的实际需要方面成效卓著,始终走在世界前列。只是到了清代中后期,中华文明才渐渐落后于世界文明的潮流。

奋力斗争,走向复兴

中国在历史上创造了辉煌的文明成就,曾经是世界上最有影响力的国家之一。但1840年鸦片战争以后,西方列强采用军事的、政治的、经济的和文化的手段，侵略和剥削中国，中国遭遇"数千年未有之变局"，在世界历史发展的潮流中不断衰败和边缘化，逐步滑向半殖民地半封建社会的深渊。从1842年《南京条约》签订到1949年新中国成立之前，西方列强迫使旧中国政府先后签订几百项不平等条约，中华民族遭受一次又一次的劫掠、欺辱和侵略。中国人民和中华民族也因此被讥讽为"东亚病夫"。

近代以来，饱受欺凌、任人宰割的中华民族，为追求民族解放复兴进行了不懈斗争。但是，无论是改良主义、无政府主义、实用主义、自由主义等政治思潮，还是君主立宪、多党制、总统制等政治尝试，无论是封建官僚、旧式农民、资产阶级改良派和革命派等政治力量，还是洋务运动、太平天国、戊戌变法、辛亥革命等政治运动，都统统败下阵来。历史事实表明，这些政治力量所进行的种种尝试，都不能完成中华民族救亡图存和反帝反封建的历史任务，也都谈不上为中国实现国家富强、人民幸福提供制度保障。

2017年6月9日，河北省邯郸市复兴区铁路小学的学生们与老师在创作《五十六个民族共圆中国梦》剪纸作品。

中国无产阶级及其政党中国共产党肩负起了领导中国人民实现民族解放和复兴这一历史使命。1921年诞生的中国共产党，坚持把马克思主义基本原理同中国具体实际和时代特征相结合，独立自主地走自己的路，探索并形成了符合中国实际的新民主主义革命道路、社会主义改造和建设道路、中国特色社会主义道路。中国共产党领导中国人民完成了新民主主义革命，实现了民族独立和人民解放；完成了社会主义革命，确立了社会主义基本制度，进行了社会主义建设并取得巨大成就；进行了改革开放新的伟大革命，开创、坚持、发展了中国特色社会主义。中国共产党深刻改变了近代以后中华民族发展的方向和进程，深刻改变了中国国家和中华民族的前途和命运，深刻改变了世界格局和发展趋势；实现了中国从几千年封建专制政治向人民民主的伟大飞跃，实现了中华民族由不断衰落到根本扭转命运、持续走向繁荣富强的伟大飞跃，实现了中国人民从站起来到富起来、强起来的伟大飞跃。中华文明在现代化进程中重新焕发出蓬勃生机，开始了走向伟大复兴的历史进程。

中国革命面貌焕然一新

曾经独领风骚的中华民族，到了近代，由于帝国主义的侵略和封建统治的腐朽，逐步陷入积贫积弱、任人欺侮的境地。帝国主义和封建主义相勾结，变中国为半殖民地半封建社会的过程，也是中国人民反抗帝国主义及其走狗的过程。近代以来，中国人民为实现民族独立和人民解放，前仆后继，进行过不懈的斗争。先进的中国人，经过千辛万苦，向西方国家寻找真理，但是行不通，理想总是不能实现。"一九一七年的俄国革命唤醒了中国人"，"从此以后，中国改换了方向"。

中国共产党成立

1921年中国共产党的成立,是中国开天辟地的大事变,中国人民从此有了主心骨。这年7月在上海召开的中国共产党第一次全国代表大会提出:"以无产阶级革命军队推翻资产阶级,由劳动阶级重建国家"。中国劳动组合书记部随即成立,领导中国工人阶级掀起了第一次罢工高潮。从1922年1月至1923年2月,中国劳动组合书记部组织了百余次罢工,参加者达30万人以上,影响最大的是安源路矿和开滦五矿的工人罢工。1923年2月的京汉铁路工人罢工,把这一时期的工人运动推向高峰。这场声势浩大的罢工,由于北洋军阀的血腥镇压而失败。惨痛的教训说明:在敌强我弱的形势下"重建国家",不能单靠工人阶级孤军奋战,必须尽最大可能联合一切革命力量组成同盟军。

1922年7月中国共产党召开第二次全国代表大会,制定了中国革命必须分两步走的纲领和战略。大会通过的宣言明确指出:党的最高纲领是实现社会主义、共产主义,最低纲领是打倒军阀,推翻国际帝国主

召开中共一大最后一次会议的浙江嘉兴南湖游船

义压迫，统一中国为真正的民主共和国。为了实现最低纲领，大会强调："共产党应该出来联合全国革新党派，组织民主的联合战线，以扫清封建军阀推翻帝国主义的压迫，建立真正民主政治的独立国家为职志"，第一次提出了"建立真正民主政治的独立国家"的奋斗目标。大会还通过决议确认：中国共产党是列宁领导的共产国际的一个支部并接受其领导。

国共第一次合作

在共产国际的推动下，中国共产党于1923年6月在广州召开第三次全国代表大会，重点讨论国共两党合作问题。大会接受共产国际的提议，通过《关于国民运动及国民党问题的议决案》，号召共产党员以个人身份加入国民党，通过在国民党内的合作，努力扩大国民党的组织，使全中国革命分子集中于国民党，以适应革命的需要。

与此同时，中国民主革命的先行者孙中山也在共产国际的推动下，决心与中国共产党合作并改组国民党，于1924年1月在广州召开中国国民党第一次全国代表大会。孙中山在开幕词中提出：大会的根本任务是"把国民党再来组织成一个有力量有具体的政党"，"用政党的力量去改造国家"。大会确定了联俄、联共、扶助农工三大政策，事实上接受了共产党的最低纲领并作为国共两党合作的政治基础。孙中山接受共产党人的建议，决定创办陆军军官学校即后来的黄埔军校。大会还通过《中国国民党章程》，确认共产党员以个人身份加入国民党，并决定在工人和农民中发展国民党员。以国民党一大为标志，第一次国共合作得到实现。

国共两党的第一次合作，推动了以广州为中心、汇集全国革命力量的反帝反封建斗争。工人运动从1923年二七惨案后的低谷走向高潮，出现了五卅运动和省港大罢工；农民运动也开始兴起；在广东先后平定地方军阀陈炯明和邓本殷等武装势力，统一并巩固了广东革命根据地。

北伐战争

1925年7月1日,国民政府在广州成立,汪精卫出任主席。随后,黄埔军校校军和驻广东的粤军、湘军、滇军先后改编为国民革命军六个军。在这一过程中,国民党新右派势力代表蒋介石,出任国民党中央常务委员会主席兼国民革命军总司令。

1926年7月1日,国民政府发表《北伐宣言》。9日,国民革命军誓师北伐,矛头指向北洋军阀以吴佩孚、孙传芳为首的直系势力和以张作霖为首的奉系势力,总目标是夺取南京和上海;至12月,歼灭了吴佩孚和孙传芳的主力,控制了除江苏、浙江和安徽的南方各省。在北伐战争中,各军的共产党员舍生忘死,发挥了先锋模范作用。为配合北伐战争,共产党人还在湖北、湖南、江西等地积极发动农民运动;推动国民政府收回汉口和九江英租界;当北伐军接近上海时,组织上海工人罢工和武装起义,占领除租界外的整个市区。

在北伐战争胜利在望的关键时刻,以蒋介石、汪精卫为首的国民党右派势力,依靠他们掌握的党权、政权和军权,背叛国共两党合作和1924年至1927年的国民革命,在1927年发动四一二和七一五反革命政变,实行"清党"和"分共",大肆搜捕和屠杀共产党人和包括国民

国民革命军在广州举行誓师大会。

党左派在内的革命者。曾经是北伐军根据地的广大地区，顿时陷入白色恐怖的腥风血雨之中。据不完全统计，从1927年3月到1928年上半年，被杀害的革命者达31万多人，其中共产党员就有2.6万人。国共合作的第一次大革命遭到挫败。

土地革命战争的兴起与北上抗日

在镇压共产党人的过程中，以蒋介石为代表的南京政府与以汪精卫为代表的武汉政府实现了"宁汉合流"，武汉国民政府不复存在。1928年2月，南京国民政府改组。这年12月，张学良在东北宣布"服从国民政府，改易旗帜"。国民党在全国建立起自己的统治。

开展武装斗争

中国共产党人从血泊中站起来，独立肩负起中国革命的历史重任。1927年8月7日，中共中央在汉口秘密召开紧急会议（即八七会议），确定了土地革命和武装起义的总方针。毛泽东在会上强调："以后要非常注意军事。须知政权是由枪杆子中取得的。"

1927年8月1日，以周恩来为书记的前敌委员会及贺龙、叶挺、朱德、刘伯承等人，率领经过北伐战争洗礼的二万多国民革命军在南昌举行起义，打响武装反抗国民党反动统治的第一枪。这次起义，标志着中国共产党领导的人民军队诞生。由于敌强我弱，起义部队由江西南下广东，中途遭受重大伤亡，余部一部分转向广东海陆丰地区，另一部分由朱德、陈毅率领进入湘赣边界地区。

同年9月9日，以毛泽东为书记的前敌委员会在湘赣边界发动秋收起义。起义会攻长沙受挫后，毛泽东率领起义部队，沿罗霄山脉南下转入农村，途经江西永新县三湾村对起义队伍进行改编，为确立党对军队的绝对领导奠定了基础。10月27日，起义队伍到达井冈山茨坪，创建中国第一个农村革命根据地，点燃了"工农武装割据"的星星之火。

创建农村革命根据地

1927年11月28日，第一个工农兵政府在湖南茶陵县成立，谭震林任主席。随后，江西省遂川县、宁冈县工农兵政府成立。这三县工农兵政府的成立，为创建井冈山根据地奠定了基础。

1928年4月下旬，朱德、陈毅率领南昌起义余部和湘南暴动的农民起义军到达井冈山，与毛泽东领导的秋收起义部队会师；随即，合编为工农革命军（不久改称工农红军）第四军，朱德任军长，毛泽东任党代表。井冈山根据地的创建树起了一面坚持农村土地革命和武装斗争的旗帜。

1929年1月，毛泽东、朱德等率红四军主力离开井冈山，进军赣南、闽西，经过一年多的艰苦斗争，创建了赣南、闽西两块革命根据地。根据地成倍扩大，红军也扩大组建了红一方面军。从1930年10月至1931年7月，红一方面军在毛泽东、朱德领导下，接连粉碎了国民党军发动的三次"围剿"。赣南、闽西根据地连成一片，拥有21座县城、5万平方公里土地和250万人口，成立了江西、福建两个省级工农兵苏维埃政府。在这一时期，其他根据地也先后成立了鄂豫皖、湘鄂西、赣东北、湘鄂赣、湘赣等省级工农兵苏维埃政府。

成立中华苏维埃共和国临时中央政府

1931年11月7日至20日，中华苏维埃第一次全国代表大会在江西瑞金召开，宣布中华苏维埃共和国临时中央政府成立。大会通过的《中华苏维埃共和国宪法大纲》规定：中华苏维埃共和国是"工人和农民的民主专政的国家"，全部政权"属于工人、农民、红军战士及一切劳苦民众"，他们"享有选举权和被选举权"，"掌握政权的管理"；同时规定："中华苏维埃共和国之最高政权为全国工农兵会议（苏维埃）的

1931年12月1日，中华苏维埃共和国中央执行委员会举行第一次会议。

大会，在大会闭幕的期间，全国苏维埃临时中央执行委员会为最高政权机关，中央执行委员会下组织人民委员会处理日常政务，发布一切法令和决议案。"大会还通过了《中华苏维埃共和国土地法令》《中华苏维埃共和国劳动法》《中华苏维埃共和国关于经济政策的决定》《红军问题决议案》等法律和决议。

　　大会选出了由毛泽东等63人组成的中华苏维埃共和国中央执行委员会。大会闭幕后，中央执行委员会举行第一次会议，选举毛泽东为主席，项英、张国焘为副主席；同时组建人民委员会，即中央临时政府（1934年1月第二次全国苏维埃代表大会决定改称中央政府），毛泽东兼任主席，项英兼任副主席。人民委员会下设外交、军事、内务、教育、财政、司法、工农检查等人民委员会以及国家政治保卫局、最高法院等机构。大会决定将瑞金改名瑞京，作为首都；之后依据《中华苏维埃共和国划分行政区域条例》，将由赣南、闽西根据地形成的中央根据地先后划分为江西、福建、闽赣、粤赣、赣南五省和瑞金、西江、长胜、太雷四个直属县。中华苏维埃共和国全盛时期，面积达40余万平方公里，人口约3000万人。

中华苏维埃共和国，是一个实行工农民主专政的国家政权。各级政权机关通过民主选举的代表大会产生，人民群众可对政府工作进行监督和批评。政府高度重视检察制度、会计制度、审计制度建设，颁布了《惩治贪污浪费办法》《中华苏维埃共和国中央执行委员会审计条例》等。中华苏维埃共和国是中国历史上第一个现体现人民当家做主精神的工农政权。

中华苏维埃共和国关于国体和政体的构想和实践，是共产党直接领导和全面管理国家的勇敢探索，尽管它"还是一个不完全的国家"，"距离一个完全的国家形态还很远"，但它是共产党在"重建国家"的征途上迈出重要步伐的标志。

红军长征与遵义会议

1934年10月，由于"左"倾冒险主义错误指导致使第五次反"围剿"战争失败，中共中央和中革军委率领中央红军主力实行战略转移，踏上向西突围的征途，开始艰苦卓绝的二万五千里长征。随后，红四方面军、红二军团和红六军团（后合编为红二方面军）也先后进行长征。与此同时，坚守在原南方革命根据地的红军部队化整为零，开展了艰苦卓绝的三年游击战争。王明"左"倾错误造成的失败使革命根据地和白区的革命力

长征到达陕北后的红一、二、四方面军与红十五军团的团以上干部在陕西宫和镇合影。

量都蒙受极大损失，红军从30万人减到3万人左右，共产党员从30万人减到4万人左右。

1935年1月，中共中央政治局在长征途中举行遵义会议。会议实际确立了毛泽东在红军和党中央的领导地位，使红军和党中央得以在极其危急的情况下保存下来，胜利完成长征，打开中国革命的新局面。遵义会议由此成为党的历史上一个生死攸关的转折点。

建立抗日民族统一战线

1935年10月，中央红军冲破重围，长征到达陕北。此时，日本加紧侵略中国的步伐，继1931年发动九一八事变、占领中国东北，又于1932年制造一·二八事变、进攻上海，1933年占领热河、察哈尔之后，1935年在华北制造一系列事端，将侵略魔爪进一步伸向华北。中日民族矛盾逐渐上升为国内社会主要矛盾。

与国民党政府"不抵抗主义"和"攘外必先安内"政策相反，中国共产党始终积极推动并领导局部抗战。1935年8月1日，中共驻共产国际代表团以中华苏维埃共和国临时中央政府和中共中央名义发表《为抗日救国告全体同胞书》（即"八一宣言"）。同年12月，中共中央政治局在陕北瓦窑堡举行会议，通过《关于目前政治形势与党的任务决议》，决定建立抗日民族统一战线。决议强调国防政府和抗日联军是抗日民族统一战线最广泛与最高的组织形式，为使抗日民族统一战线得到更加广大与强有力的基础，决定将工农苏维埃共和国改变为"人民共和国"。会后，毛泽东在党的活动分子会议上作《论反对日本帝国主义的策略》的报告，指出：之所以改工农共和国为人民共和国，"是因为日本侵略的情况变动了中国的阶级关系，不但小资产阶级，而且民族资产阶级，有了参加抗日斗争的可能性"。随后，这一口号又改为建立"民主共和国"，以便在更加普及的民主制度的基础上，进一步扩大抗日民族统一战线。

瓦窑堡会议后，中国共产党为迎接抗日救亡斗争新阶段的到来作了充分准备：通过领导一二·九运动，有力推动全国抗日救亡运动走向高潮；发起东征，扩大红军力量，巩固陕甘根据地，宣传抗日救亡主张；

一二·九运动中的游行队伍

实现三大主力红军胜利会师,为抗日战争的到来作了军事力量上的准备;推动同张学良东北军、杨虎城西北军建立巩固的抗日同盟,将"反蒋抗日"口号改变为"逼蒋抗日"方针,为建立更加广泛的抗日统一战线铺平道路。毛泽东还从思想路线和中国革命战争规律的高度,撰写《实践论》《矛盾论》和《中国革命战争的战略问题》,为迎接抗日民族解放战争作了思想理论准备。

1936年12月12日,国民党爱国将领张学良、杨虎城在西安对蒋介石发动"兵谏",要求"停止剿共,联红抗日"。共产党以民族大义为重,从团结抗日的愿望出发,捐弃前嫌,促成西安事变和平解决,推动了全国范围内抗日民族统一战线的建立。

1937年2月,中共中央致电即将开幕的国民党五届三中全会,提出停止内战、抗日救国的五项要求,并许诺如果国民党接受五项要求,共产党则作出四项保证:在全国范围内停止武力推翻国民政府的方针;苏维埃政府改名为中华民国特区政府,工农红军改名为国民革命军,直接受南京中央政府和军事委员会指导;在特区政府管辖的区域内,实行普选的彻底民主制度;停止没收地主土地的政策,坚决执行抗日民族统一战线的共同纲领。

抗日战争的胜利

1937年7月7日，日本制造卢沟桥事变，发动全面侵华战争。中国人民为救亡图存，展开全民族抗战。9月22日，国民党中央通讯社发表《中国共产党为公布国共合作宣言》。第二天，蒋介石就这个宣言发表谈话，实际上承认中国共产党的合法地位。以国共第二次合作为基础的抗日民族统一战线正式形成。

抗日战争的中流砥柱

1937年8月，红军主力改编为国民革命军第八路军（简称"八路军"）。随即，南方的大部分红军和游击队改编为国民革命军新编第四军（简称"新四军"）。9月6日，中华苏维埃共和国中央政府西北办事处正式

新四军第二支队召开抗日誓师大会。

改名为陕甘宁边区政府,林伯渠任主席,以延安为首府。10月22日,国民政府行政院第333次会议决定,边区政府下辖23个县、3个特区,面积约13万平方公里,人口150万。

在抗日战争战略防御阶段,国民党军表现出较高的抗日热情,组织了淞沪会战、忻口会战、徐州会战、武汉保卫战等重大战役,给日军以重创。随着战略相持阶段的到来,日本减轻了对国民党军正面战场的压力,国民党内部顽固势力消极抗日、积极反共的情绪迅速抬头。抗日民族统一战线内部呈现出复杂情况。

中国共产党领导下的八路军和新四军,在持久抗战总方针和独立自主山地游击战方针的指引下,挺进抗日前线。他们先是积极配合国民党军正面战场作战,取得平型关大捷、夜袭阳明堡机场等战绩;随后又在山西、河北、山东、河南、湖北、江苏、安徽等地,建立和扩大敌后抗日根据地,开展灵活机动的游击战,牵制住大批侵华日军。中国抗日战争逐渐形成战略上相互配合的两个战场。在这一过程中,中国共产党领导的人民抗日武装和敌后抗日战场在抗日民族战争中的中流砥柱作用得以彰显。

抗日民主政权建设

陕甘宁边区政府是在实行普选基础上建立起来的人民民主政权,陕甘宁边区参议会则是通过普选产生的人民代表机关和最高权力机关。1939年1月15日至2月4日,第一届参议会在延安召开。会议通过《陕甘宁边区抗战时期施政纲领》《陕甘宁边区各级参议会组织条例》《陕甘宁边区各级政府组织条例》《陕甘宁边区高等法院组织条例》等文献,选举高岗为参议会议长,林伯渠为边区政府主席。陕甘宁边区的政权建设成功实践,为敌后各抗日民主根据地建设提供了宝贵经验。

1939年末到1940年初,毛泽东在《中国革命和中国共产党》《新民主主义论》等著作中总结这一时期政权建设经验时指出:"在抗日战争中,在中国共产党领导的各个抗日根据地内建立起来的抗日民主政权,乃是抗日民族统一战线的政权,它既不是资产阶级一个阶级的政权,也不是无产阶级一个阶级的政权,而是在无产阶级领导之下几个革命阶级联合起来的政权";同时强调:现在要建立的政权就是抗日民族统一战线的共和国,"国体——各革命阶级联合专政。政体——民主集中制"。

抗日战争胜利前夕,全国有 19 个根据地建立起抗日民主政权。中国共产党自井冈山创建第一个红色政权到瑞金创建中华苏维埃共和国所积累的国家政权建设初步经验,在抗日战争时期得到很好的继承和发展。共产党领导的统一战线政权,成为新民主主义共和国的雏形。毛泽东说:"各根据地的模型推广到全国,那时全国就成了新民主主义的共和国。"

抗日战争胜利

1945 年 8 月 15 日,日本天皇裕仁以广播"终战诏书"方式宣布接受波茨坦公告。9 月 2 日,日本代表在东京湾美军军舰密苏里号上签署向同盟国投降书。侵华日军 128 万人向中国投降。中国人民经过长达 14 年艰苦卓绝的斗争,取得了中国人民抗日战争的伟大胜利。在抗日战争中,中国人民伤亡人数超过 3500 万,以巨大民族牺牲支撑起了世界反法西斯战争的东方主战场,为世界反法西斯战争胜利作出了重大贡献。中国人民抗日战争也得到了国际社会广泛支持。

"抗日战争的胜利,是自 1840 年以来中国反抗外敌入侵的第一次完全胜利。这一伟大胜利,彻底粉碎了日本军国主义殖民奴役中国的图谋,洗刷了近代以来中国抗击外来侵略屡战屡败的民族耻辱。这一伟大胜利,

日本向盟国投降的签字仪式

重新确立了中国在世界上的大国地位，使中国人民赢得了世界爱好和平人民的尊敬。这一伟大胜利，开辟了中华民族伟大复兴的光明前景，开启了古老中国凤凰涅槃、浴火重生的新征程"，成为中华民族走向复兴的历史转折点。

两个中国命运的决战

中国抗日战争胜利后，面临着建什么国、走什么路的尖锐斗争。在抗日战争相持阶段，中国共产党高举抗战、团结、进步的旗帜，同国民党顽固势力进行了有理有利有节的斗争，击退了国民党顽固势力发起的反共高潮，努力争取抗日战争的胜利为中国人民的胜利。

争取和平民主

在世界反法西斯战争取得决定性胜利、中国抗日战争胜利在望的形势下，1945年4月23日至6月11日，中国共产党在延安召开第七次全国代表大会，确立了废止国民党一党专政、成立联合政府、建立新民主主义新中国的总方针。毛泽东在《论联合政府》中指出："我们共产党人提出结束国民党一党专政的两个步骤：第一个步骤，目前时期，经过各党各派和无党无派代表人物的协议，成立临时的联合政府；第二个步骤，将来时期，经过自由的无拘束的选举，召开国民大会，成立正式的联合政府。"这次大会还在全党整风的基础上确定毛泽东思想为党的一切工作的指针。

中国共产党提出的废止国民党一党专政、成立联合政府的主张，得到各民主党派、各进步团体和各社会阶层的广泛赞同，也遭到国民党顽固势力的强烈抵制。

毛泽东赴重庆谈判离开延安机场时的合影

抗日战争结束后，和平民主建国成为众望所归。在这种情况下，中国共产党适时提出"和平、民主、团结"三大口号。1945年8月28日，毛泽东毅然接受蒋介石邀请赴重庆谈判。10月10日，国共双方签订《政府与中共代表会谈纪要》（即《双十协定》），双方在和平建国的基本方针、政治民主化、党派合法化、人民享有一切自由等重大原则上达成共识。在谈判中，尽管共产党顾全大局，在某些问题上作出让步，但是，国民党在涉及国家政权的核心问题（如共产党领导的抗日军队和解放区民选政府）上却寸步不让，甚至在谈判期间出兵进攻解放区。共产党采取针锋相对方针，取得上党战役等重大胜利，迫使国民党不得不重新回到谈判桌前，并承诺召开政治协商会议。

1946年1月10日至31日，政治协商会议在重庆召开。共产党派周恩来、董必武、王若飞、吴玉章、叶剑英、陆定一、邓颖超出席。会议通过了《和平建国纲领》《政府组织案》《宪法草案》《国民大会案》《军事问题案》。这些协议，虽同中国共产党的建立联合政府的主张还有相当差距,但它不利于国民党独裁统治,有利于和平建国。

全面内战爆发

一旦时机成熟便要消灭共产党,这是以蒋介石为代表的国民党顽固势力一以贯之的真实意图。1946年6月,国民党军悍然以进攻中原解放区的宣化店为突破口发动全面内战;10月,攻占晋察冀解放区首府张家口,同时不顾各民主党派的强烈抵制,在南京强行召开由国民党一手包办的"国民大会",通过维护其反动统治的宪法;1947年2月,又限令共产党设在南京、上海、重庆等地的办事机构撤回延安,最终关闭了国共两党和谈的大门。

面对来势汹汹的国民党全面进攻,中国共产党和人民解放军树立敢打必胜的信心,按照毛泽东总结出的十大军事原则,先后粉碎了国民党军的全面进攻和重点进攻。在转战陕北期间,毛泽东果断作出由刘伯承、邓小平率领的晋冀鲁豫野战军主力实施中央突破、千里跃进大别山的战略决策,将战争引向国民党统治区域,揭开了人民解放战争战略进攻的序幕。

战略进攻与三大战役

1947年10月10日,毛泽东为中国人民解放军总部起草宣言,首次提出"打倒蒋介石,解放全中国"的口号,并宣布:"联合工农商学兵各被压迫阶级、各人民团体、各民主党派、各少数民族、各地华侨和其他爱国分子,组成民族统一战线,打倒蒋介石独裁政府,成立民主联合政府。"同年12月,中共中央在陕北米脂县杨家沟召开会议,制定了夺取全国胜利的行动纲领。毛泽东强调指出:"这是一个历史的转折点。这是蒋介石的二十年反革命统治由发展到消灭的转折点。这是一百多年以来帝国主义在中国的统治由发展到消灭的转折点。"1948年3月,中共中央离开陕北,前往华北解放区。

1948年秋,人民解放军同国民党军进行战略决战的条件已经成熟。国民党统治区发生深刻政治经济危机,以学生运动为先导的人民民主运

人民解放军占领南京。

动即第二条战线业已形成；广大新老解放区深入开展土地改革运动，人民群众支援解放战争的积极性空前高涨；国民党军接连遭受重创，只能收缩在大城市和铁路沿线实行重点防御。国民党政权陷于四面楚歌之中。中共中央作出了将国民党军主力聚歼于长江以北的战略决策。1948年冬到1949年春，经过辽沈、平津、淮海三大战役，人民解放军摧毁了国民党赖以生存的军事力量。穷途末路的蒋介石被迫在1949年元旦发表"求和"声明，并宣布"下野"，由李宗仁任"代总统"，与中共谋求"和谈"，妄想"划江而治"。中共提出惩办战争罪犯、废除伪宪法和伪法统，改编一切反动军队等八项条件作为谈判基础，并草拟了《国内和平协定最后修正案》。国民党拒绝在协定上签字，遂使谈判破裂。1949年4月21日，毛泽东、朱德发布《向全国进军的命令》，发起渡江战役，人民解放军于4月23日占领南京，国民党维持22年的反动统治宣告灭亡。

走向北平

1949年3月5日至13日，中共七届二中全会在河北平山县西柏坡召开。这是在中国人民革命全国胜利的前夜召开的一次极其重要的会议。毛泽东在这次会议上作报告，提出在全国胜利的局面下，党的工作重心必须由乡村移到城市，城市工作必须以生产建设为中心。报告规定了党在全国胜利以后，在政治、经济、外交方面应当采取的基本政策，特别着重地分析了当时中国经济各种成分的状况和党所必须采取的正确政策，指出了中国由农业国转变为工业国、由新民主主义社会转变为社会主义社会的发展方向。报告还向全党提出"两个务必"要求。毛泽东的这个报告，和他在同年6月写的《论人民民主专政》，构成了为中国人民政治协商会议第一届全体会议所通过的、在新中国成立初期曾经起了临时宪法作用的《共同纲领》的政策基础。这次全会之后，中共中央由河北省平山县西柏坡村迁往北平。创建新中国的各项工作正式拉开帷幕。

开国大典

早在战略决战开始以前，创建新中国的准备工作即已开始。1948年4月30日，中共中央发布纪念五一节口号，呼吁"各民主党派、各人民团体、各社会贤达迅速召开政治协商会议，讨论并实现召集人民代表大会，成立民主联合政府"。从这年8月起，各民主党派负责人、无党派民主人士接受中共中央邀请，冒着生命危险，先后从香港、上海、北平及海外辗转进入东北、华北解放区；北平和平解放后，又陆续汇聚北平，团结在中国共产党周围，共商建国大计。

新政治协商会议与《共同纲领》

1949年6月15日至19日，新政治协商会议筹备会第一次全体会议在北平举行。会议通过《新政治协商会议筹备会组织条例》，选举出由21人组成的常务委员会，推选毛泽东为主任，周恩来、李济深、沈钧儒、郭沫若、陈叔通为副主任，李维汉为秘书长。常委会下设六个工作小组，分别负责核定参加新政协的单位及其代表名额，起草新政协组织条例、共同纲领、中央人民政府组织法、大会宣言，拟定国旗、国徽及国歌方案。

经过三个月的工作，新政治协商会议筹备会于9月17日召开第二次全体会议，基本通过《中国人民政治协商会议共同纲领》《中国人民政治协商会议组织法》《中华人民共和国人民政府组织法》草案。会议还正式决定将新政治协商会议定名为中国人民政治协商会议。

9月21日，中国人民政治协商会议第一届全体会议在北平中南海怀仁堂隆重开幕。27日，全体会议通过《中国人民政治协商会议组织法》《中华人民共和国中央人民政府组织法》和国都、纪年、国歌、国旗四个决议案。会议决定以北平为首都，从即日起改名为北京；采用公元纪年；在正式国歌未制定以前以《义勇军进行曲》为国歌；国旗为红底五星红旗。29日，全体会议通过《中国人民政治协商会议共同纲领》等三个议案。

《中国人民政治协商会议共同纲领》（简称《共同纲领》），是新中国的建国纲领，在全国人民代表大会召开和制定宪法以前，具有临时宪法的作用。《共同纲领》包括序言、总纲和政权机关、军事制度、经济政策、文化教育政策、民族政策、外交政策等七章共60条，规定了中华人民共和国的国家性质和任务，以及国家各个领域的基本方针和政策。《中国人民政治协商会议组织法》规定，中国人民政治协商会议是全国人民民主统一战线的组织，在普选的全国人民代表大会召开以前，代行全国人民代表大会职权。《中华人民共和国中央人民政府组织法》规定，中央人民政府对外代表中华人民共和国，对内行使国家权力。中央人民政府委员会组织政务院以为国家政务的最高执行机关，组织人民革命军事委员会以为国家军事的最高统辖机关,组织最高人民法院和最高人民检察署以为国家的最高审判机关和检察机关。

9月30日,全体会议选举出由180人组成的中国人民政治协商会议第一届全国委员会。会议选举毛泽东为中央人民政府主席,朱德、刘少奇、宋庆龄、李济深、张澜、高岗为副主席,陈毅等56人为中央人民政府委员会委员。至此,中国人民政治协商会议第一届全体会议在圆满完成创建中华人民共和国的庄严使命后宣告闭幕。

新中国宣告成立

1949年10月1日下午2时,毛泽东主席主持召开中央人民政府委员会第一次会议,宣布主席、副主席和委员就职。会议通过《中华人民共和国中央人民政府公告》(简称《政府公告》),决议接受《共同纲领》为政府的施政方针。

同日下午3时,中华人民共和国中央人民政府成立典礼在首都北京天安门广场隆重举行。首都30万人民群众汇集天安门广场,共同见证

毛泽东宣读《中华人民共和国中央人民政府公告》。

这一伟大的历史时刻。林伯渠主持典礼,乐队高奏国歌。在巍峨的天安门城楼上,毛泽东主席庄严宣告:"中华人民共和国中央人民政府今天成立了!"随即他亲手按动电钮,第一面五星红旗在天安门前冉冉升起。伴随着《义勇军进行曲》的雄壮旋律,54门礼炮齐鸣28响,代表中国共产党带领中国人民浴血奋斗的28年历程。接着,毛泽东宣读《政府公告》,声明"本政府为代表中华人民共和国全国人民的唯一合法政府"。无数面彩旗迎风招展,人民群众欢声雷动,天安门广场成了一片沸腾的海洋。

接着是盛大的阅兵式和群众游行。接受检阅的中国人民解放军12个方队威武雄壮,一队队由工农各界参与的游行群众精神抖擞。毛泽东等领导人频频挥手致意,"中华人民共和国万岁"的口号声响彻云霄。

中华人民共和国的诞生,标志着中国半殖民地半封建社会的终结和新民主主义革命的胜利,标志着中国人民实现了自鸦片战争以来争取民族独立和人民解放的夙愿,宣告中国人民当家做主的新时代已经到来。从此,帝国主义列强侵略压迫中国、欺凌奴役中国人民的屈辱历史一去不复返了,封建主义、官僚资本主义压迫人民统治人民的黑暗历史一去不复返了,中华大地四分五裂、战乱频仍的动荡历史一去不复返了。中国历史开启了中华民族发展进步的新纪元。

第二章

新政权的巩固和国民经济恢复

　　新中国成立伊始，面临的主要任务是继续完成民主革命的遗留任务，主要有：对国民党军队的后期作战，解放中国的全部国土；在新解放区占全国人口一半以上农村中开展土地改革，废除封建的土地制度，没收封建地主阶级的土地归农民所有。与此同时，稳定市场物价和统一国家财政经济，不失时机地调整工商业，使国民经济迅速得到恢复。在新中国国家安全和领土主权受到侵略威胁的时候，中国人民进行了伟大的抗美援朝、保家卫国战争并取得胜利。

统一全国大陆和剿灭匪患

新中国成立时,西南地区全部和中南地区大部,西北、华东的部分地区及沿海岛屿,尚为国民党军队所占据。在1949年10月1日的开国大典上,中国人民解放军总司令朱德宣读了《中国人民解放军总部命令》:"迅速肃清国民党反动军队的残余,解放一切尚未解放的国土,同时肃清土匪和一切反革命匪徒。"

统一全国大陆

从1949年9月中旬至1950年6月,人民解放军进行了肃清国民党残余军队的后期作战,共歼敌130万人,收编改造170余万起义投诚的国民党军,解放了除西藏以外的全部中国大陆。原计划解放台湾的任务,由于朝鲜战争的爆发而停止执行。香港和澳门自古就是中国的领土。香港、澳门问题是因殖民主义侵略中国而造成的历史遗留问题,情况复杂,要采取另外的方式解决。中共中央确定了"暂时维持现状"和"长期打算,充分利用"的政策,就是要利用两地尤其是香港原有的地位、复杂的海外关系和对外贸易,以利于新中国的经济恢复与工业化建设。

和平解放西藏

西藏地处祖国西南边陲,面积120多万平方公里,约占全国总面积的八分之一。在这块土地上繁衍生息的民族中人数最多的是藏族,此外还有汉族、回族、门巴族、珞巴族、蒙古族、纳西族等民族。公元13世纪,元朝实现了包括西藏在内的中国大统一。西藏从此成为中国的一个行政区域。

19世纪末到20世纪初，西方帝国主义势力掀起瓜分中国的狂潮，进一步觊觎西藏，并在西藏上层僧俗中培植和扶持分裂势力。在新中国即将建立的时候，帝国主义分子策划西藏地方当局上层少数分裂势力加紧分裂活动，制造了驱汉事件，派出"亲善使团"分赴英国、美国、印度、尼泊尔寻求"西藏独立"。

中央人民政府决定不失时机解放西藏。为避免战争可能带来的动荡和破坏，中央决定力争以和平方式解决西藏问题。1950年5月29日，中央批准由西南局第一书记邓小平拟定的同西藏地方政府进行谈判的十项条件。

然而，西藏地方政府中的分裂势力，在帝国主义的支持下，拒绝与中央人民政府谈判，并加紧分裂活动。他们扣留劝和团人员，杀害了前往拉萨劝达赖接受谈判的格达活佛；同时紧锣密鼓地组织藏军，在阿里、黑河、昌都一带加紧布防，妄图阻挠人民解放军进军西藏。

为了打击帝国主义和西藏地方政府中分裂势力的嚣张气焰，促使谈判早日进行，10月，中国人民解放军发动了昌都战役。经过19天大小战斗20余次，解放军歼灭藏军5700人，解放了藏东重镇昌都，基本上摧垮了藏军主力，打开了进军西藏的门户，为和平解决西藏问题铺平了道路。

经中央人民政府再三敦促和西藏上层爱国力量的推动，1951年2月，达赖喇嘛终于同意派出阿沛·阿旺晋美为西藏地方政府首席全权代表，组成代表团赴北京进行和平谈判。为妥善解决西藏问题，中央政府还邀请班禅赴京。

从4月29日起，中央人民政府代表与西藏地方政府代表进行了22天的谈判。谈判主要围绕三个问题。第一，西藏是中华人民共和国领土的一部分，人民解放军进藏保卫国防理所应当，不能改变。第二，在西藏实行民族区域自治和成立军政委员会。何时在西藏实行民族区域自治，可由西藏人民自己决定。军政委员会是中央人民政府的代表机关，不是用军政委员会代替西藏地方政府。第三，十世班禅返藏问题。班禅离藏是历史遗留问题，只有班禅返回西藏，西藏各民族才能真正实现团结，西藏问题才能完满解决。

西藏地方政府全权代表在和平解放西藏的协议上签字。

经过反复协商，特别是经过中央人民政府代表的耐心解释和说服，终于在和平解放西藏的一些重大问题上达成共识。1951年5月23日，中央人民政府代表与西藏地方政府代表举行《关于和平解放西藏办法的协议》签字仪式。《协议》除前言外共十七条，又称《十七条协议》。24日晚，毛泽东主席举行盛大宴会，庆祝《协议》签订。

1951年10月，人民解放军主力部队抵达拉萨，受到拉萨市两万多各族群众的热烈欢迎。西藏和平解放，祖国大陆实现了一百多年来人们梦寐以求的统一。

剿灭匪患

国民党在溃逃时遗留下大批残余力量，这些特务武装，网罗旧官僚、恶霸地主、散兵游勇、地痞流氓、反动会道门成员及惯匪，聚众结伙，打着"救国军""自卫军"等旗号进行破坏活动，严重扰乱新解放区各项工作的开展，威胁着人民政权的巩固和人民生命财产的安全。新解放区人民群众强烈要求人民政府和人民解放军坚决消灭土匪，根绝匪患。

1950年3月，中央军委发出指示，强调剿灭土匪是当前全国革命斗争的一个重要方面，是人民解放战争的继续。中共中央、毛泽东提出了军事进剿、政治瓦解、发动群众武装自卫三者相结合的方针，规定了"镇压与宽大相结合"，"首恶者必办，胁从者不问，立功者授奖"的政策。人民解放军先后抽调150万兵力，按照中央的统一部署，开展由军队、地方和人民群众紧密配合的剿匪作战；到1953年取得完全胜利，共毙、伤、俘土匪和争取土匪投降自新270万余人，结束了中国匪患久远、危害甚深的历史，粉碎了退守台湾的国民党在大陆建立"游击根据地"，以策应"反攻大陆"的企图，有力保护了人民安居乐业，稳定了社会秩序。

稳定市场物价和统一国家财政经济

新中国成立之初的财经十分困难，其主要原因：一是战争还在进行，支援战争开支浩大；二是为了维护社会稳定，人民政府对旧政府留下来的几百万军政公教人员，一律采取"包下来"的政策，增加了财政负担；三是恢复生产需要大量资金。当时全国大部分地区还没有正规的税收制度，暂时还只能靠大量发行货币弥补财政亏空。而旧社会留下来的投机资本在新解放的城市中继续兴风作浪，加剧物价飞速上涨。

为了制止由于投机资本操纵而加剧市场的混乱，党和政府依靠国营经济的力量和老区农民的支持，采取有力的经济措施和必要的行政、法律等手段，同投机资本进行两大"战役"。

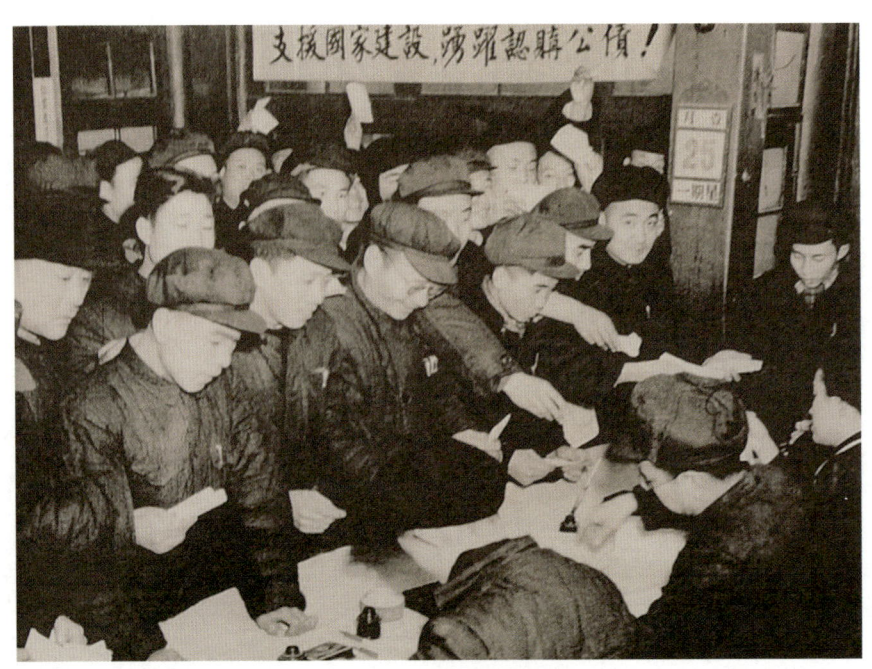

北京市前门区工商界响应政府号召,积极认购国家经济建设公债。

稳定市场和物价

先是"银元之战"。针对当时猖獗的银元投机,人民政府明令禁止黄金、银元以及外币在市场上自由流通,一律由人民银行挂牌收兑。投机商对此置若罔闻,有人叫嚣说"解放军进得了上海,人民币进不了上海"。各级政府断然采取措施,华东区1949年6月10日公布金银管理暂行办法;商店也与人民政府合作,拒收银元。上海市公安局奉命突击检查并查封了上海金融投机大本营证券大楼,逮捕正在进行非法交易的投机巨头及银贩,沉重打击了破坏金融的非法活动。

从1949年7月底开始,涨价风潮再起。投机资本转向囤积粮食、煤炭、棉纱等。到10月中旬,几个大城市物价猛涨一倍半。这次较量的主战场仍然在上海。特务分子甚至公然叫嚣:只要控制了两白(米、棉)一黑(煤),就能置上海于死地。中央人民政府政务院财政经济委员会(简称中财委）主任陈云精心组织了一场"米棉之战"，在全国范围内大规模组织调运粮食、棉花、棉布、煤炭。在物价上涨最厉害的时候，全国各大城市按照中央的统一部署，敞开抛售，使物价迅速下跌；同时，又收缩银根，使投机商资金周转失灵，纷纷破产，一举击溃投机势力。各地市场从11月25日起趋向稳定，至12月上旬，物价风潮告一段落。人民政府经过这次斗争，完全掌握了市场主动权。"米棉之战"的胜利，用事实教育了资产阶级，使他们不能不承认人民政府管理经济的能力。

经过同投机资本在金融物价领域里的几番斗争，物价初步稳定，但要从根本上稳定市场和物价，恢复和发展生产，还有赖于将有限的收入集中使用。为此，统一全国财政经济工作迫在眉睫。

统一国家财政经济

1950年3月24日政务院通过了《关于统一管理1950年度财政收支的决定》。第一，统一全国财政收支管理。重点是统一收入，保证中央财政的需要。第二，统一全国物资管理。提高物资利用效率，减少财政支出与向国外的订货。第三，统一全国现金管理。把属于国家而又分散在各企业、机关、部队、合作社的现金，由国家银行统一管理，集中调度。

国家实行统一管理财政经济，在很短的时间内就取得了显著的成效。从1950年4月开始，国家的财经状况出现好转，收支接近平衡。到1950年底，国家财政赤字由原概算的18.7%减少为4.4%。1952年，国家财政收入总额超过支出，达到收支平衡并略有节余。国家也开始适度举债，增加财政收入。1950年1月，国家正式发行人民胜利折实公债。1950年2月14日，中苏签订了关于中国向苏联贷款3亿美元的协定，中国开始利用外债。

建立集中统一程度较高的财经管理体制，是在国家生产力水平低下、经济发展极不平衡的历史条件下作出的正确选择。这一措施结束了旧中国几十年财政收支不平衡的局面，对于克服财政赤字、稳定市场和发展经济起到了极为重要的作用。

四川金堂县农民欢迎土改工作队进村。

土地改革运动

新中国成立之前,全国尚有约占总数三分之二的农民还被束缚在封建土地制度之下。1950年6月6日,中共七届三中全会提出,在三年内有计划、有秩序地完成新解放区的土地改革。6月28日,中央人民政府委员会第八次会议讨论并通过了指导土地改革的纲领性文件《中华人民共和国土地改革法》(简称《土地改革法》)。

出台《土地改革法》

《土地改革法》共6章40条。"总则"明确规定:"废除地主阶级封建剥削的土地所有制，实行农民的土地所有制，借以解放农村生产力，发展农业生产，为新中国的工业化开辟道路。"基于新中国成立初期的社会环境和阶级力量发生的变化，《土地改革法》与1947年10月10日中共中央发布的《中国土地法大纲》及其后的有关文件比较，采取了更加稳妥的政策：第一，将征收富农多余土地财产改变为保存富农经济；第二，将对中农的土地由彻底平分改为完全不动；第三，对地主，除没收土地、耕畜、农具、多余粮食及其在乡村多余的房屋外，其他财产不予没收。这些政策有利于保护中农和团结民族资产阶级，有利于减少土地改革的阻力，有利于社会的稳定和工商业的发展。

分期分批推进土地改革

土改运动中，中国各级政府坚决贯彻执行"依靠贫农、雇农，团结中农，中立富农，有步骤地有分别地消灭封建剥削制度，发展农业生产"的总路线和总政策，反对用行政命令的方法把土地"恩赐"给农民的"和平土改"；在工作方法上，强调要有领导、有计划、有秩序地进行，把放手发动群众同用党的政策武装群众、引导群众结合起来。为了加强土改工作的领导，党和政府还组织了由党政军干部、民主人士、知识分子等组成的土改工作队，深入农村。

到1953年春，全国除部分少数民族地区外，土地改革都已完成。3亿多无地少地的农民（包括老解放区农民在内）共没收了地主阶级约7亿亩（约合4700万公顷）土地和大批耕畜、农具、房屋、粮食。农民从封建土地关系的束缚中彻底解放出来，带来了农村生产力的大解放，为中国逐步实现工业化扫除了障碍。

少数民族地区的改革措施和步骤更为慎重稳妥，对待少数民族中剥削阶级分子，特别是民族、宗教上层人士，政策更宽一些，改革的过程更长一些。西藏地区的民主改革是在1959年6月西藏自治区筹委会通过《关于进行民主改革的决议》以后，才在全区有步骤有区别地陆续展开。在将近两年时间内，全区基本上完成了民主改革，中华人民共和国土地上最后残留的封建农奴制度归于消灭。

抗美援朝，保家卫国

1950年6月25日，朝鲜内战爆发。次日，美国政府决定对朝鲜实行武装干涉。27日，美国总统杜鲁门命令美军驻太平洋第七舰队侵入台湾海峡，声称"阻止对台湾的任何进攻"，阻挠中国人民解放台湾。随后，美国操纵联合国安理会通过非法决议，纠集以美国为首的16个国家组织"联合国军"，武装入侵朝鲜。

决策出兵

中国政府对于美国的侵略行径立即作出反应。6月28日，毛泽东发表讲话，号召"全国和全世界的人民团结起来，进行充分的准备，打败美帝国主义的任何挑衅"，表明中国的严正立场。7月13日，中央军委着手组建东北边防军，使中国在战略上处于主动地位，避免了临急应战。

9月15日，以美国为首的"联合国军"从仁川登陆，并很快进抵三八线。10月3日凌晨，周恩来紧急召见印度驻华大使潘尼迦，要他转告美国政府，如果美军企图越过三八线，扩大战争，"我们不能坐视不顾，我们要管"。美国当局低估了中国人民的决心和力量，对中国政府的多次警告充耳不闻。"联合国军"于10月7日越过三八线，19日占领平壤，把战火引向鸭绿江边，威胁中国的国家安全。在这紧急关头，应朝鲜党和政府的请求，在反复权衡利弊后，中共中央作出了抗美援朝、保家卫国的战略决策。10月8日，中央军委主席毛泽东签署命令，组成中国人民志愿军，任命彭德怀为司令员兼政治委员。

五战五捷

10月19日黄昏，中国人民志愿军第一批出国作战部队雄赳赳、气

中朝部队胜利会师时欣喜若狂的场面

昂昂跨过鸭绿江。骄横的敌人根本没有料到中国会出兵参战,仍长驱直入,分兵冒进。10月25日,中国人民志愿军利用战略上的突然性,在运动中捕捉战机,出其不意打击敌人,把敌人从鸭绿江边赶到清川江以南,首战告捷。一年后,中国人民将这一天定为中国人民志愿军抗美援朝纪念日。

"联合国军"还没有从迷梦中醒来,继续部署全面攻占朝鲜北部、于"圣诞节前结束战争"的总攻势。毛泽东、彭德怀决定采取诱敌深入、集中优势兵力各个歼灭敌人的方针,于11月下旬发动第二次战役。志愿军在敌人机群狂轰滥炸、我军供应不足且气候严寒的极端困难下,英勇作战,歼灭和重创包括美军"王牌"陆战第一师在内的大批敌军,再战告捷,迫使敌军从总进攻变成总退却,一直退到"三八线"以南,扭转了朝鲜战局。以后又相继进行了互有进退攻守的三次大的战役,到1951年6月10日止,志愿军五战五捷,共歼敌23万余人,把战线稳定在三八线附近。

签订停战协定

五次战役后,美国政府意识到,要打到鸭绿江边迅速结束朝鲜战争已经毫无希望,于是试图举行停战谈判。通过谈判结束战争,这是中共中央在出兵参战时即有所设想的。从 1951 年 7 月开始,双方举行停战谈判。美方在军事分界线、遣返战俘等问题上设置障碍破坏谈判,并不断以武力相要挟,企图用空中绞杀、海岸进攻等军事压力迫使我方在谈判中屈服。美国动用了它的全部陆军的三分之一、空军的五分之一和海军的近半数投入朝鲜战场,致使停战谈判两年间出现了时谈时打、边谈边打、打谈交错的局面。志愿军贯彻"持久作战,积极防御"的战略方针和毛泽东提出的"零敲牛皮糖"的战术指示,构筑坑道,以阵地防御和运动战相结合,积极进行战术反击作战,发扬大无畏的英勇战斗精神粉碎敌军的一次次进攻。中国国内部队轮番入朝作战,得到苏联支援的中国人民志愿军空军也开始出战。美国在战场上没有

青海塔尔寺喇嘛踊跃捐献,购买"青海佛者"号飞机。

得到的东西，在谈判桌上同样没有得到，美国不得不于 1953 年 7 月 27 日在停战协定上签字。

抗美援朝胜利的伟大意义

在志愿军英勇作战的同时，国内开展了轰轰烈烈的抗美援朝运动，掀起了参军、参战、支援前线的热潮。各行各业节衣缩食，踊跃捐献飞机。到 1952 年 5 月底，全国共捐献人民币 5.565 亿元，折合 3710 架战斗机。为保证前线的物资供应，全国工人、农民掀起爱国主义生产劳动竞赛和增产节约运动，提出"工厂就是战场，机器就是枪炮"，"要人有人，要粮有粮"等口号，加快国民经济的恢复和发展。

抗美援朝战争胜利具有深远影响。中国人民赢得在经济实力和军事实力与美国相比悬殊的情况下进行的这场战争的胜利，打破了美军不可战胜的神话，朝鲜战争也成了美国历史上第一次没有胜利班师的战争。这场现代化条件下的局部战争，促进了人民解放军的现代化建设。中国人民在这场严酷的战争中，谱写了气吞山河的英雄壮歌，创造了伟大的抗美援朝精神，先后涌现出杨根思、黄继光、邱少云等 30 多万名英雄功臣和近 6000 个集体功臣，成为当代中国宝贵的精神财富。这场为和平和正义而战的战争，展示了中华民族的浩然正气，极大地提高了中国的国际地位，赢得了世界人民的尊敬，提升了中国在处理亚洲和国际事务中的分量。

工商业合理调整与国民经济恢复

物价趋向稳定之后，因货币贬值而产生的社会虚假购买力消失，加之城乡购买力低、季节影响、公债发行等原因，发生了商品滞销并跌价的现象，致使部分工厂关门、商店歇业，失业人数增加。此后，中财委的工作重心从财政方面转到经济方面。

工商业的调整

工商业的调整，主要措施是调整公私关系、劳资关系和产销关系。第一，调整工业的公私关系，扩大政府对私营工业的加工订货和收购包销，扶持私营工业，协助其解决原料、销路、资金周转等困难。第二，调整商业的公私关系，按照稳定物价及产、运、销三者有利的原则调整价格，规定适当的批零差价和地区差价，使私营商业有利可图。第三，改进对私营工商业的管理办法。除若干必须通过集中交易才能控制的商品外，允许场外成交。改进交易所的管理办法，简化手续，便利购销。第四，调整产销关系，减少私营工商业在生产经营上的盲目性。第五，调整劳资关系。根据"公私兼顾、劳资两利"原则，做好劳资双方的工作，确保工人民主权利，有利企业发展生产，通过民主协商解决劳资矛盾。国家还调整了贷款政策，对私营工商业适当扩大贷款额。

经过全国范围的工商业调整，私营资本获得相当的恢复和发展。据统计，1951年同1950年相比，全国私营工业户增长11%，私营商业户增长1.9%。

国民经济的恢复

恢复国民经济，首先从恢复和建设基础设施开始，而抢修和新建铁路又是重点之一。从1872年上海筹建吴淞铁路到1949年的70多年，全国只有干支线铁路26857公里（包括台湾省），能够勉强维持通车的线路不过1.1万公里，年客运量仅1亿人次，货运量仅5000多万吨。由于多年战争破坏，在各地解放和接管时无一条铁路线能够全线通车。广大铁路职工和铁道兵指战员在"解放军打到哪里，铁路就修到哪里"的口号激励下，修复主要线路。到1949年底，全国通车的铁路已达21810公里。

在修复旧路的同时，1950年先后动工新建成渝（成都至重庆）铁路、天兰（天水至兰州）铁路和湘桂铁路来镇（来宾至镇南关）段。宝成（宝鸡至成都）路和兰新（兰州至乌鲁木齐）路的部分路段也开始动工修建。至1952年底，全国新建铁路1320公里。铁路运输的恢复和发展，为经济的恢复和发展创造了有利条件。

1949年全国能通车的公路仅5.4万公里，而且路况极差。1950年，政务院决定修建以福州为中心的12条华东支前公路，并决定动工兴建通向世界屋脊的康藏公路和青藏公路。各大区和各省、自治区、直辖市也在本地区新建和改建一些经济干线和县乡公路。至1952年底，全国公路通车里程达到13万多公里，公路质量和通车范围也在提高和扩大。

旧中国没有形成全国性的邮电通信网络，许多乡村甚至不通邮。从1950年起，邮电建设重心放在沟通以北京为中心的有线干线，建设北京国际电台与整顿北京电话上。在此基础之上，恢复水上航运通信，配合军事边防需要赶修若干线路。到1952年，全国邮电局、所达到4.95万处，邮路长度达到128.97万公里，分别比1949年增加88.21%和82.68%。

国家还大力兴建水利工程，1950年水利建设投资相当于国民党统治时期水利经费最多年份的18倍，受益农田约2100万亩。1950年夏，安徽、河南连降大雨，淮北地区灾情严重，为百年未有。毛泽东连批三份关于淮北灾情的报告，提出"一定要把淮河修好"。首期治淮工程赶在1951年洪水到来之前完成，初步发挥了抗洪和灌溉功能，淮河流域农业获得空前丰收。以往水灾频繁的沂河、沭河地区因得到治理也获得多年未有的丰收。到1952年，全国共扩大灌溉面积4950余万亩，增产的粮食以数百万吨计。

旧中国工业基础薄弱又饱经战争创伤，1949年的工业产品产量普遍不及1936年的70%，钢与生铁的产量仅为1943年的17.1%和14%。国家采取有计划有步骤地重点恢复和发展重工业的方针，对重工业和化学工业的投资达26.9亿元，占国家投资总额的34.5%。国家共恢复和改建国营及公私合营工业企业2013个，新建企业7438个；同时，恢复和增加纺织业及其他有利于国计民生的轻工业的生产，以

1952年国庆节,首都人民游行庆祝国民经济恢复任务胜利完成。

适应人民日常消费的需要。

人民政府全心全意依靠工人阶级发展生产,在实行企业管理民主化的同时,广泛开展合理化建议、创造新纪录和生产竞赛等运动;注意调动技术人员的积极性;鼓励和推广先进的工作和生产方法,极大地提高了生产能力,降低了物耗和产品成本。国营企业在生产改革中,还注意建立健全企业管理机构和生产责任制度,推行经济核算制。

由于政策正确和措施得力,工业得到迅速恢复和发展。1952年全国工业总产值为349亿元,比1949年增长近1.5倍,已超过抗日战争前1936年的最高水平。

为加快恢复和发展农业生产,国家大幅度增加用于农业生产的资金,1950年为2.74亿元,1952年上升为9.04亿元。农产品的收购价格相应调整,逐步缩小工农业产品价格的"剪刀差"。国家鼓励垦荒。三年中农民开垦大量荒地,使耕地面积增加1.5亿亩。国家还加强农业生产技术推广,在农作物品种改良、良种推广、农作物病虫害防治、土壤改良以及各种农作物耕作技术和栽培技术的改良等方面取得了成效。全国农业总产值三年间增长了48.5%；粮食总产量增长44.8%，达到16392万吨；棉花总产量增长193.7%，达到130.4万吨。

第三章

社会主义基本制度的建立

从1953年开始，国家实施国民经济第一个五年计划，在逐步推进社会主义工业化的同时，稳步采取符合中国特点的步骤和措施，实现对个体农业、手工业和资本主义工商业的社会主义改造，确立了社会主义基本经济制度，使中国发生了最深刻、最伟大的社会变革，为中国未来的发展奠定了根本前提。1954年召开的第一届全国人民代表大会及其所通过的《中华人民共和国宪法》确立了适合中国国情、体现社会主义国家性质、保证中国人民当家做主的基本政治制度。

"一五"计划与工业化的初步成就

1953年至1957年国民经济发展计划是新中国制定的第一个全面的中长期国民经济计划。"一五"计划的重点是集中力量建设由苏联援建的156项重点工程,为建立比较完整的工业体系打下坚实的基础。

工业化成就突出

经过五年的发展,工业化取得初步成就。首先是为建立比较完整的工业体系奠定基础。钢铁工业结束了不能生产钢轨、无缝钢管、大型钢材、薄板和合金钢的历史。机械工业新建了一系列工业部门,到1957年底,已经有了几十个行业比较齐全的制造系统,开始试制一批新产品,填补了空白,使机械设备的自给能力从新中国成立前的20%左右提高到60%以上。有色冶金工业改变了有色金属工业体系残缺不全和互不配套的落后状况。电子工业开始制造无线电元器件和多种雷达、指挥仪、坦克飞机电台、无线电广播发射机等,生产能力和技术水平有了较大的提高。纺织、食品、造纸等轻纺工业也得到了很大发展,基本上能够满足人们的需要。

其次是工业布局得到改善,改变了旧中国工业企业主要集中在沿海省份,内地基本上没有工业的状况。到1957年底,西南、西北地区的钢铁工业、有色金属工业、石油工业基地的建设都在进行。机械工业的布局有了较大变化,除了沈阳、大连、上海以外,还形成以哈尔滨三大动力厂为中心的电站设备基地,以洛阳拖拉机厂为主的农业机械基地,兰州炼油化工设备基地,以西安开关整流器厂、西安电瓷厂、西安绝缘材料厂、西安电力电容器厂为中心的高压输变电设备基地。随着新工业基地的建设,交通运输线也逐渐向内地延伸。

再次是带动了城市建设。"一五"计划694项建设项目的厂址方

第一批国产"解放"牌汽车出厂。

案分布在91个城市、116个镇。其中65%的项目分布在京广铁路以西，这些新建工厂的选址方案为内地新城市建设打下了基础。到1957年底，全国设市的城市达到177个，比1952年增加了17个。城市（含县镇）人口达到9949万人。

1957年中国超额完成了"一五"计划。主要工业产品大幅度增长。钢535万吨，比1952年增长近3倍；原煤1.31亿吨，比1952年增长96%；发电量193亿千瓦时，比1952年增长166%。全国农副业总产值达到604亿元，比1952年增长25%。粮食19505万吨，比1952年增长19%；棉花164万吨，比1952年增长26%；农用拖拉机24629台，比1952年增长11.3倍。

经济结构和人民生活发生变化

随着工业化建设的进展，经济结构发生了重大变化。从社会总产值的部门结构来看，工业、建筑业的比重大大提高，农业的比重则相应下降。上述变化，反映出中国社会经济已经进入工业化的初期阶段。

国内贸易显著扩大。主要消费品粮食、食用植物油、盐、食糖、布、鞋、手表零售量都有大幅增加。对外贸易也有很大发展。1957年进出口贸易总额比1952年增长62%。在进口贸易中，生产资料占93%，消费资料占7%。在出口贸易中，工矿产品的比重由1952年的18%上升到1957年的28%。

工业化建设的同时，人民的物质和文化生活水平有了较大的改善和提高。全国居民平均消费水平，1957年达到102元，比1952年增长34.2%。1957年全国职工达到3101万人，比1952年增长93.5%。1957年，全民所有制职工年平均工资达到637元，比1952年增长42.8%。五年内国家还拿出103亿元的资金用于职工的劳动保险、医药费、福利费等。由于国家提高农产品收购价格，工业品价格基本保持不变，而农业税率一直稳定在1953年13%的水平上，农民收入增加30%。城乡居民储蓄存款1957年比1953年增长2倍多。

生产资料私有制的社会主义改造

新民主主义革命胜利之后逐步过渡到社会主义社会，是执政的中国共产党早已明确的奋斗目标。新中国成立之初，党和国家根据当时的具体情况，决定在民主革命遗留任务彻底完成、国民经济基本恢复之前，先不急于明确提出向社会主义过渡的任务。随着形势的发展和经验的积累，中共中央认为，制定党在过渡时期的总路线，明确地向全党和全国人民提出向社会主义过渡的任务，并用三个五年计划——大约15年或者更长一点时间完成这一任务，是适时的和必要的。

过渡时期总路线的提出

过渡时期总路线提出的根据主要有以下几点。

首先，公私经济所占比重发生根本改变。国营工业产值由1949年的34.2%上升到52.8%，私营工业从63.3%下降到39%；国营商业从

1950年的23.3%上升到1952年的60.5%,私营商业从76.1%下降到36.3%。这个变化的实质是,国营经济在整个国民经济中的领导地位大为增强,成为保证国家财政收入、调控国家主要商品价格和供求关系、稳定经济局势的主要力量。

其次,国家在合理调整工商业的过程中,创造了加工订货、经销代销、统购包销、公私合营等一系列从低级到高级的国家资本主义形式,私营工商业在不同程度上接受国家的监督和管理,引起了它们在生产关系上发生变化。从而,国家也开始了对它们初步的不同程度的社会主义改造,为以后的私营工商业社会主义改造创造了条件。

再次,国家在土改完成后的农村中开展了相当规模的农业互助合作。占总数40%的农户参加互助组。互助合作帮助广大农民增加生产、改善生活,显示出将个体农民组织起来增加农业生产的优越性,为农业合作化运动提供了很好的示范,成为对个体农业进行社会主义改造的最初步骤。

从以上事实出发,中共中央在1952年9月开始酝酿,并于1953年6月正式提出党在过渡时期的总路线,明确规定:"从中华人民共和国成立,到社会主义改造基本完成,这是一个过渡时期。党在过渡时期的

苏州刺绣手工业生产合作社的产品为国家出口创汇。

总路线和总任务，是要在一个相当长的时期内，基本上实现国家工业化和对农业、手工业、资本主义工商业的社会主义改造。"1954年9月，在一届全国人大一次会议上，过渡时期总路线的内容被载入第一部《中华人民共和国宪法》，使之成为整个国家的统一意志。

实现过渡时期总路线的实质，就是要使中国由落后的农业国变为先进的工业国，使社会主义工业成为国民经济发展中起决定作用的领导力量，把农民和手工业者分散的个体经济经过合作化道路改造为集体所有制经济，把资本主义工商业经过国家资本主义形式改造为全民所有制经济。形象地说就是"一体两翼"：实现社会主义工业化是总路线的主体，实现对农业、手工业和资本主义工商业的社会主义改造是总路线的两翼。主体和两翼是不可分割的整体。

农业合作化运动

农业合作化运动，采取农民自愿的原则，采用说服、示范和国家援助的方法使农民自愿地联合起来。农业合作化运动在过渡时期总路线公布以前主要是发展农业生产互助组；1953年9月以后，进入了以发展初级社为主的第二阶段。1954年底建成48万个合作社，参加互助合作的农户占比由1952年的19.2%增加到1954年的60.3%。由于条件成熟，步骤稳妥，较好地贯彻了自愿互利的原则，这一时期合作社基本上是稳步而健康发展的。合作社80%以上都增产增收，互助合作的优越性逐步显现出来。1955年夏季以后，在合作化发展速度问题上党内出现不同意见，正常的争论被夸大为两条路线的分歧，助长了急躁冒进情绪。原定15年基本完成的农业社会主义改造，到1956年底，提前了8年就完成了。

农业合作化把汪洋大海般的小农个体经济改造成为集体经济，使农业经济制度发生了根本性变化。这在中国几千年农耕文明历史上是一次伟大而深刻的变革。合作化期间，农业生产力不断发展，农业生产总值平均每年递增4.8%，为"一五"计划期间开展大规模工业建设所需粮食、资金等提供了有力的保障。然而，快速实现的全国高级形式的合作化，难免出现偏差，主要表现为要求过急、工作过粗、改变过快，造成并遗留下一些问题。

个体手工业的社会主义改造

国家对个体手工业的社会主义改造一般都经过手工业生产小组、手工业供销生产合作社和手工业生产合作社三个阶段，因地制宜，按照不同手工业者容易接受的形式，由低级到高级、由小到大、由简单到复杂逐步推进。国家坚持贯彻自愿互利原则，力求把合作社办得对生产者、国家和消费者三方面都有利。到1956年6月底，组织起来的手工业者已占从业人员的90%以上，全国大陆地区基本实现了手工业合作化。

在实现党在过渡时期总路线的过程中，1953年10月，中共中央作出关于粮食的计划收购和计划供应（简称"统购统销"）的决定。这一重大决策的实施，推动了农业的互助合作和对私营粮商的排挤与改造。粮食统购统销之后跟着实行油料的统购和食油的统销，1954年又实行棉花的统购和棉布的统购统销。这些都成为推动私营工商业社会主义改造的重要步骤。

资本主义工商业的社会主义改造

对资本主义工商业的和平改造，是通过国家资本主义的途径实现的，大体上经历了两个阶段。1953年至1955年夏是实行国家资本主义初级形式的阶段，主要是在工业中采用委托加工、订货、统购包销，在商业中采用委托经销、代销等。初级形式的国家资本主义的特点是：资本主义工商业通过各种合同在原料供应、产品的生产计划、销售及价格上被国家控制，企业的性质不变，内部的劳资矛盾依然存在，但在企业的利润上实行"四马分肥"，即所得税占30%，工人福利占15%，企业公积金占30%，资方股息红利占25%，资本家对工人的剥削有所减轻。

从1955年下半年到1956年，是实行高级形式国家资本主义阶段。高级形式国家资本主义有两种，即个别企业的公私合营和全行业的公私合营。个别企业的公私合营是半社会主义性质的企业，社会主义经济与资本主义经济在企业内部联系与合作，利润仍按"四马分肥"的原则，

上海市全行业公私合营后的第一天,全国最大的百货公司——永安公司门前热闹非凡。

但资本家只能按私股所占比例取得红利的一部分,另一部分红利转为国家所有。全行业公私合营企业的生产关系发生根本变化,资本家的生产资料已归国家所有,企业基本上是社会主义性质的了。

全国性的全行业公私合营高潮从北京开始。1956年1月15日,北京市各界20万人在天安门广场举行庆祝社会主义改造胜利大会,党和国家领导人接见了工商界代表。在北京的带动下,到1月底,全国各大城市及50多个中等城市,相继实现了全市全行业公私合营。到1956年底，全国私营工业企业的 99%、私营商业从业人员的 85% 分别加入了全行业的公私合营，基本上完成了对资本主义工商业的社会主义改造。1956 年底，根据公平合理、实事求是原则核实的全国公私合营企业私股股额共 24 亿元（工业 17 亿元、商业和服务业 6 亿元、交通运输业 1 亿元），由国家按固定的定息率（年息 5%），从 1956 年 1 月 1 日起发给 114 万私股股东定息，每年定息金额为 1.2 亿元。原定 7 年发完，1962 年延长到 1966 年 9 月取消定息。党和政府对企业原有在职人员采取全部包下来，按"量才使用，适当照顾"的原则为 71 万在职人员和 10 万资本家及资本家代理人安排了工作。

对资本主义工商业社会主义改造的完成，在中国大陆地区基本上铲除了剥削制度，建立起社会主义经济制度。这样一场大规模的社会变革没有造成破坏和动乱，价值 20 多亿元的生产资料几乎没有损失。整个社会风气也发生了变化，劳动光荣、剥削可耻、社会主义是国家迅速富强和人民富裕的光明大道等观念深入人心。对资本主义企业的改造和对资方人员的改造结合起来，资本家在实践中得到教育、改造，逐步成为自食其力的劳动者和拥护社会主义的爱国者。改造过程中也存在着一些偏差和缺点，主要是：公私合营的面过宽，改组过多；后期工作过粗，形式简单；合营后，产品单调，商业网点过少；对许多原工商业者的使用和处理也有不当之处。

第一届全国人民代表大会的召开

1953 年 1 月，中央人民政府委员会通过决议，决定 1953 年召开由人民普选产生的乡、县、省（市）各级人民代表大会，并在此基础上召开全国人民代表大会。同时，成立以毛泽东为主席的中华人民共和国宪法起草委员会起草宪法，成立以周恩来为主席的中华人民共和国选举法起草委员会起草选举法。

完成全国普选

1953年3月,中央人民政府公布施行《中华人民共和国全国人民代表大会及地方各级人民代表大会选举法》。《选举法》贯彻选举的普遍性、选举的平等性以及直接选举和间接选举相结合原则。人民政府在全国范围内开展人口普查和选民登记。在政务院确定的全国人口调查登记标准时间(1953年6月30日24时)内,全国人口总数为6.02亿人。选民登记总数为3.24亿人,占选举地区18周岁以上人口总数的97.18%。人民群众以主人翁的姿态参加中国历史上第一次全国性普选,极大地焕发了当家做主的热情和民主意识。

全国基层普选完成以后,150个省辖市,2064个县、自治县及县一级单位和170个中央直辖市的区召开了人民代表大会(西藏地区召开人民代表会议),总计选举全国人民代表大会代表1226人。其中妇女代表147人,占代表总数的11.99%;少数民族代表177人,占代表总数的14.44%。各民族、各阶层、各界都有与其地位相当的代表。

一届全国人大会议召开

1954年9月15日,第一届全国人民代表大会第一次会议在北京中南海怀仁堂隆重开幕。毛泽东主持开幕式并致词。刘少奇代表宪法起草委员会向大会作《关于中华人民共和国宪法草案的报告》,周恩来代表中央人民政府向大会作《政府工作报告》。

经过充分的讨论,大会一致通过了《中华人民共和国宪法》《中华人民共和国全国人民代表大会组织法》《中华人民共和国国务院组织法》《中华人民共和国人民法院组织法》《中华人民共和国人民检察院组织法》和《中华人民共和国地方各级人民代表大会和地方各级人民委员会组织法》,批准了《政府工作报告》。

大会选举毛泽东为中华人民共和国主席,朱德为副主席。刘少奇为中华人民共和国第一届全国人民代表大会常务委员会委员长,宋庆龄、林伯渠、李济深、张澜等13人为副委员长，彭真兼秘书长。根据中华人民共和国主席提名，大会决定周恩来为中华人民共和国国务院总理。根据周恩来提名，大会决定陈云、林彪、彭德怀、邓小平等10人为国务院副总理，习仲勋为秘书长。国务院共设30个部和5个委员会。

第一届全国人大一次会议的召开标志着人民代表大会制度这一根本政治制度在全国正式建立。人民代表大会制度就是以人民代表大会为主体的，由人民代表大会作为国家机关体系的核心实行人民当家做主的国家政权组织形式。人民代表大会制度是新中国人民民主建设的重大发展，是中国政治生活进一步民主化的标志。

人民政协的性质与任务

实行人民代表大会制度以后，如何认识人民政协的性质、地位、作用、任务存在不同意见。1954年12月19日，毛泽东邀集各民主党派和无党派民主人士座谈政协工作。他指出，召开全国人民代表大会以后，政协仍然是需要的。政协的性质有别于国家权力机关，也不是国家的行政机关，它是统一战线组织。政协的任务除了协商问题、提意见、协调各方关系，还要学习马列主义。毛泽东的谈话，统一了在人民政协问题上的思想认识，为各民主党派和无党派民主人士所接受，其基本原则被采纳到人民政协章程之中。

12月21日到25日，中国人民政治协商会议第二届全国委员会第一次会议在北京举行。会议通过的《中国人民政治协商会议章程》《中国人民政治协商会议宣言》，推举毛泽东为政协第二届全国委员会名誉主席，选举周恩来为主席，宋庆龄等16人为副主席。

《中国人民政治协商会议章程》规定，政协的性质是："团结全国各民族、各民主阶级、各民主党派、各人民团体、国外华侨和其他爱国民主人士的人民民主统一战线的组织"。政协的任务是：在中国共产党领导下，继续通过各民主党派、各人民团体，更广泛地团结全国各族人民，共同努力，克服困难，为建设一个伟大的社会主义国家而奋斗。

《章程》对政协的组织机构和职能作出新的调整。一是政协以各民主党派、各人民团体为基础组成，包括少数民族和国外华侨的代表，必要时可吸收个人参加。区域和人民解放军的代表不再作为参加政协的单位。二是政协不再设立全体会议,将原来的政协全体会议、全国委员会、常务委员会三个层次,改为全国委员会全体会议和常务委员会两个层次。这样既便于工作,又可适当扩大全国委员会和地方委员会的名额,保证广泛的代表性。三是在省、自治区、直辖市和市设地方委员会,自治州、县、自治县和市辖区必要时设立地方委员会。四是全国委员会和各级地方委员会之间是指导关系而不是领导关系。《章程》还规定参加政协的单位和个人共同遵守的准则。

上述这些,为坚持中国共产党领导的多党合作和政治协商制度奠定了坚实的基础。

民族区域自治

中国是一个统一的多民族国家。据1953年人口普查统计,除汉族外,全国有蒙古、回、维吾尔、苗、彝、壮、布依、朝鲜、满等41个(后经识别确认为55个)少数民族,人口3532万人,占全国人口总数的6%,分布地区约占全国总面积的60%。在长期的历史发展过程中,各民族共同创造了灿烂的中华文明,形成了相互依存、不可分离的关系,以及各民族人口分布呈现大杂居、小聚居、相互交错的格局。

新中国成立以后,积极维护平等、团结、互助的民族关系,保证各少数民族的参政权,即每个民族不分大小,都以平等的地位参与管理国家大事和各级地方事务,各民族公民享有同样的选举权和被选举权。在地方政权建设上,少数民族聚居的省区均由少数民族人士担任主要领导职务。人民政府在法规政策上充分照顾少数民族的特殊性,充分尊重少数民族的习俗。这都为在中国实行民族区域自治制度创造了条件。

从1950年开始,中央人民政府和各有关地区,参照在1947年建立内蒙古自治区的经验广泛进行试点,建立了一批相当于专区、县以及区、乡的民族区域自治地方。到1952年6月,全国已建立民族自治地方30个。

在总结经验的基础上,1952年8月,中央人民政府颁布了《中华人民共和国民族区域自治实施纲要》,规定各民族自治区同为中华人民共和国领土不可分割的一部分。各民族自治区的自治机关统为中央人民

湘西苗族人民通过代表会议,选举产生了湘西苗族自治区人民政府。

政府统一领导下的一级地方政权,并受上级人民政府的领导。民族区域自治的地方在中央人民政府和上级人民政府法令所规定的范围内和国家统一制度下享有制定本自治区单行法规,管理本自治区的财政经济事业,发展各民族的文化、教育、艺术和卫生事业等权利。

1954年9月通过的《中华人民共和国宪法》,将民族区域自治确立为一项基本国策和基本政治制度,确定将民族区域自治地方分为自治区、自治州、自治县三级,县以下的少数民族聚居区设民族乡,使民族区域自治制度更适合中国的实际情况。

内蒙古自治区是全国第一个相当于省级的民族自治区。1947年5月1日内蒙古自治区成立。到1954年6月,内蒙古自治区面积达到110多万平方公里,人口610余万。1955年10月1日,新疆维吾尔自治区成立,面积166万余平方公里,人口487.4万。

和平共处五项原则

朝鲜停战以后，亚洲紧张局势开始缓和，相关的遗留问题需要协商谈判，第二次世界大战后的国际形势进入了一个新的阶段，国际关系格局处于变化调整之中。经过抗美援朝战争，中国人民主持正义、勇于承担国际主义义务的精神，向世界宣告了新中国是国际事务中不可忽视的国家。这就成为新中国走向国际舞台的契机。中国在同苏联、东欧人民民主国家建立友好关系的基础上，也需要同更多的国家建交或交往，需要参与某些国际事务。中国人民抓住这次机遇，不仅争取到和平安定的国际环境，保证过渡时期总路线的贯彻执行，而且为寻求通过协商解决国际争端的途径作出了积极贡献。

和平共处五项原则的提出

新中国非常重视发展同新兴民族独立国家，尤其是邻近的民族独立国家的关系。中印两国 1950 年 4 月建交后，一些历史遗留问题尚未解决，印度在中国西藏地方享有某些英国殖民主义者遗留下来的特权就是其中之一。1953 年 12 月，两国政府就此进行谈判。政务院总理兼外交部长周恩来接见印度代表团时，第一次提出了和平共处五项原则，即互相尊重领土主权、互不侵犯、互不干涉内政、平等互惠、和平共处的原则。周恩来还指出：两个大国之间，特别是像中印这样两个接壤的大国之间，一定会有某些问题的；只要根据这些原则，任何业已成熟的悬而未决的问题都是可以解决的。印度方面表示赞同周恩来的主张。在随后签署的协定中，双方确认了这五项原则。此后，中印两

周恩来与印度总理尼赫鲁（左三）举行会谈。

国总理联合声明对五项原则的措辞作了变动，将"平等互惠"改为"平等互利"。在1955年4月亚非会议的发言中，周恩来又将"互相尊重领土主权"改为"互相尊重领土完整"，使和平共处五项原则从内容到表述更加完整准确。

和平共处五项原则的贯彻

中国政府认为这五项原则不仅适用于中印两国之间，而且应该适用于更广泛的国际关系之中。1954年6月，周恩来总理利用参加日内瓦会议暂时回国之机访问了印度和缅甸。周恩来与尼赫鲁进行了六次正式会谈，在28日发表的《中印两国总理联合声明》中强调，在亚洲及世界各地存在着不同的社会制度和政治制度，如果接受并按照五项原则办事，任何一国不干涉另一国，这些差别就不会成为和平的障碍或造成冲突。有关各国中每一国家的领土主权和互不侵犯有了保证，这些国家就能和平共处并相互友好。这就会缓和世界上的紧张局势，并有助于创造和平的气氛，从而减少战争的可能，并促进全世界的和平事业。接着，周恩来又应邀访问缅甸。在同吴努总理的会谈中，周恩来说："世界上的国家，不分大小强弱，不论社会制度如何，只要以五项原则来处理相互间的关系，是可以和平相处、友好合作的。我们愿意按照五项原则与世界上一切国家友好相处，何况缅甸和中国还是有亲戚关系的国家。"他建议根据五项原则也发表一个声明。吴努听了非常高兴，连声表示同意。29日，《中缅两国总理联合声明》发表，宣布五项原则"也应该是指导中国和缅甸之间关系的准则"，并认为"如果这些原则能为一切国家所遵守，则社会制度不同的国家间的和平共处就有了保证，而侵略和干涉内政的威胁和对于侵略和干涉内政的恐惧就将为安全感和信任感所代替"。吴努事后表示，"这一协议解决了大问题。我们两国是邻居，不能话不投机就拔腿走开，能走到哪里去？所以我一直惴惴不安。现在好了，这个和平共处五项原则和协议使我放心了。"

和平共处五项原则，受到国际舆论的重视和赞扬，得到许多国家特别是亚非国家的支持和赞同。当时驻仰光外交使团的亚非国家使节纷纷到中国使馆道贺。他们认为，国际关系以和平共处五项原则为准则，对亚非国家反帝反殖斗争是一大鼓舞，亚非民族独立和民族解放运动必将蓬勃发展。

中国政府不仅是五项原则的首创者，而且是五项原则的忠实履行者。在1955年亚非会议期间，中国和印尼签订了华侨双重国籍问题的条约。由于历史上一些华侨所在国同中国的国籍法遵循不同的立法原则，出现华侨双重国籍问题，造成有较多华侨的国家的误解甚至恐惧。中国政府对此问题的基本主张是：鼓励华侨自愿选择所在国国籍，取得所在国公民资格，同时放弃中国国籍。中国和印尼的条约，详尽地反映了中国对待华侨双重国籍的政策，并且凡有华侨居住的国家，均可按此约行事，解除了众多国家的疑虑，产生了积极影响。

第四章

社会主义建设道路的探索

　　1956年社会主义改造基本完成、社会主义基本制度确立后，摆在中国人民面前的问题是：怎样建设社会主义？怎样尽快改变中国经济文化落后的面貌？以毛泽东为主要代表的中国共产党人，决心探索一条适合中国情况的社会主义建设道路。探索的历程是曲折、艰难的。其后的20年，虽然出现过失误甚至严重失误，但党领导全国人民走中国自己的建设道路的决心和目标没有动摇，社会主义建设取得了重要成就，积累了宝贵经验，初步建立起独立的比较完整的工业体系和国民经济体系，为中国工业化打下了坚实的基础。

中国社会主义建设道路的初步探索

1956年5月2日，毛泽东在听取国务院35个部委工作汇报和调查研究的基础上，在最高国务会议上作了《论十大关系》的报告。这十大关系是：重工业和轻工业、农业，沿海建设和内地建设，经济建设和国防建设，国家、集体和个人，中央和地方，汉族和少数民族，党和非党，革命和反革命，是与非，中国和外国的关系。总的方针，就是要努力把党内外、国内外的一切积极因素调动起来，把中国建设成为一个强大的社会主义国家。报告前后，毛泽东和其他领导人还到各地去开会座谈、听取意见。毛泽东在南京说："采取现在的方针，文学艺术、科学技术会繁荣发达，党会经常保持活力，人民事业会欣欣向荣，中国会变成一个大强国而又使人可亲。"这些讲话引起了热烈反应。翻译家傅雷在家信中十分敬佩地说："毛主席是真正把古今中外的哲理融会贯通了的人。"

新思想与新方针的提出

这段时间，党和国家在其他方面，也根据新的形势提出了一系列新的方针政策。

1956年1月，中央召开了知识分子问题会议。周恩来代表中央作报告，郑重宣布知识分子的绝大多数，已经是工人阶级的一部分。这个对知识分子阶级属性的判断，奠定了党在社会主义时期对知识分子政策的基础。周恩来还代表中央发出"向现代科学进军"的号召。会后，国务院成立科学规划委员会，请来几百位科学家，夜以继日，用几个月的时间，编制出《1956—1967年科学技术发展远景规划纲要》。中央宣传部也组织专家，编制了哲学社会科学发展的12年远景规划。全国知识界群情振奋，摩拳擦掌，掀起向现代科学技术进军的热潮。

针对科学文化领域当时存在的一些粗暴作风和压制其他学派现象，中央又提出要把政治问题和学术、艺术、技术问题区别开来，贯彻"百花齐放""百家争鸣"的方针。毛泽东说：现在春天来了嘛，一百种花都让它开放，不要只让几种花开放。5月，在中南海召开知识界会议，中宣部部长陆定一作了《百花齐放，百家争鸣》的报告，引起了热烈反响。"双百方针"的提出，使知识分子心情舒畅，敢于积极创新。

这年6月，周恩来在一届全国人大三次会议上作报告，倡议中国共产党人和国民党人"重新携手团结起来"，并代表中央政府正式表示："我们愿意同台湾当局协商和平解放台湾的具体步骤和条件"。

这些新思想、新方针，是中共八大继续探索的前奏。

中共八大胜利召开

1956年9月，中国共产党第八次全国代表大会在北京隆重举行。出席大会的1026名代表，代表了全国1073万党员。

刘少奇代表中央作政治报告，分析了当前中国社会的主要矛盾和主要任务，宣布：我国无产阶级同资产阶级之间的矛盾已经基本上解决，

列席中共八大的各国代表团在大会上。

几千年来的阶级剥削制度的历史已经基本上结束。我们国内的主要矛盾，已经是人民对于建立先进的工业国的要求同落后的农业国的现实之间的矛盾，已经是人民对于经济文化迅速发展的需要同当前经济文化不能满足人民需要的状况之间的矛盾。因此党和国家的主要任务，就是要集中力量来解决这个矛盾，把我国尽快地从落后的农业国变为先进的工业国。

大会还针对苏联的教训，提出了反对个人崇拜和对个人歌功颂德的方针；还建议修改宪法，为废除领导干部终身制作准备。陈云发言提出了以国家和集体经营、计划生产、国家市场为主体，个体经营、自由生产、自由市场为补充的思想。这在理论上突破了苏联社会主义阵营的计划经济模式，开始探索经济体制改革。

大会选举产生了新的中央委员会，随后召开的八届一中全会选出了新的中央领导机构。当选成员，都按照得票多少顺序公布。毛泽东说：现在搞经济建设，中央委员将来应该有许多工程师、科学家和从工人中成长的干部。

中共八大在探索适合中国情况的社会主义建设道路方面迈出了重要一步。到1957年底，中国全面完成第一个五年计划。工农业总产值中，工业比重由1952年的43.1%上升到56.7%，在中国历史上第一次超过了农业。

"大跃进"和人民公社化运动的挫折

正确处理人民内部矛盾

社会主义基本制度初步建立以后，群众对新的社会制度还不能马上适应，党和政府一些部门也同样不适应，存在严重的主观主义、官僚主义作风，因此，各地不断发生"闹事"风波。1956年9月到1957年3月间，全国发生几十起工人罢工请愿、大中学生罢课请愿事件，各地农村发生了闹退社的风潮。

1957年2月，毛泽东作了关于正确处理人民内部矛盾的讲话，指出：社会主义社会的基本矛盾仍然是生产关系和生产力、上层建筑和经济基础之间的矛盾；存在着敌我矛盾和人民内部矛盾两类性质完全不同的矛盾；解决敌我矛盾要用专政的方法，解决人民内部矛盾只能用民主的说服教育的方法；要把正确处理人民内部矛盾作为国家政治生活的主题。毛泽东关于社会主义社会基本矛盾和正确处理人民内部矛盾的思想，第一次深刻分析了社会主义社会的矛盾问题，提出了解决矛盾的正确方法，对社会主义建设事业有着长远的指导意义。

1957年2月27日，毛泽东在最高国务会议第十一次（扩大）会议上作《关于正确处理人民内部矛盾的问题》的讲话。

反右派斗争扩大化

1957年4月，中共中央发出《关于整风运动的指示》。中央统战部邀集民主党派和无党派人士、工商界举行多次座谈会。与会者提出了大量批评意见和建议，大部分是正确的和中肯的。但也有不少错误言论，要从根本上改变社会制度。这些错误言论扩散到社会上，影响了社会安定，使毛泽东的态度发生了变化。6月8日，中共中央发出党内指示《组织力量反击右派分子的猖狂进攻》，一场全国规模的群众性反右派运动猛烈地开展起来。当时对阶级斗争形势估计得过于严重，把大量的人民内部矛盾当作了敌我矛盾。到1958年6月反右派斗争基本结束时，全国实际划定的右派分子达55万人，出现了明显的扩大化。

"大跃进"运动

由于缺乏社会主义建设的实践经验，中国共产党为尽快改变中国经济文化落后的面貌，轻率地发动了急于求成的"大跃进"运动。

1958年5月，中共八大二次会议通过了"鼓足干劲、力争上游、多快好省地建设社会主义"的总路线。这条总路线反映了党和人民尽快改变中国落后面貌的愿望，但是在宣传和执行中，片面强调一个"快"字。在农业方面，报刊舆论不断宣扬"人有多大胆，地有多大产"，各地出现了虚报亩产量、放高产"卫星"热潮。广西环江县红旗农业社竟报出亩产13万斤的"卫星"。在工业方面，中央提出"以钢为纲"，要求多则7年少则3年提前实现原定15年钢产量超过英国的目标，开展全民大炼钢铁运动。全国建起几百万个小高炉，土法炼钢铁，甚至把家里的铁锅砸碎作为原料。各行各业都"全民大办"，大办医院、大学、科研，甚至写诗作画都要全民动员"放卫星"。

人民公社化运动

"大跃进"需要动员组织大量劳动力。人民公社，被毛泽东认为是一种理想形式。他在谈到未来中国农村组织形式时说，那时我国乡村中将是许多共产主义的公社，每个公社有自己的农业、工业、学校、医院、商店等。1958年8月，中央北戴河会议通过决议提出：我们应该积极地运用人民公社的形式，摸索出一条过渡到共产主义的具体途径。到10月底，全国74万个农业社改组合并成2.6万个人民公社，加入的农户占总数的99%以上，基本实现了全国农村人民公社化。

初期的人民公社，是集体经济组织，又是相当于乡一级的基层政

湖南宁乡县某人民公社成立大会

权。其基本特点被概括为"一大二公"。所谓"大",就是规模大。原来一二百户规模的农业合作社被合并成拥有四五千户甚至一两万户的人民公社,工农商学兵,农林牧副渔,都集中到公社。所谓"公",就是公有化程度高。把原来贫富不同、条件各异的几十个合作社合到一起,财产全部上交公社,统一核算、统一分配;社员的自留地、家畜、果树等收归集体所有,家庭副业、小商小贩以及集市贸易等被取消;实行供给制与工资制相结合的分配制度,社员在公共食堂吃饭不要钱,有些公社还实行不同形式的基本生活资料供给制;组织军事化、行动战斗化、生活集体化。

纠"左"转向反右

毛泽东起初是"大跃进"和人民公社化运动的主要发动者,但又是他较早觉察并开始纠正运动中的"左"倾错误。1958年10月,他派人到最先在全国挂起人民公社牌子的河南七里营去调查。他说:什么是共产主义社会,并不是人人认识一致,甚至在高级干部中各说各的,其中有不少胡话。1958年11月到1959年7月,毛泽东先后主持召开两次郑州会议、武昌会议和八届六中全会，决定整顿人民公社，纠正平均主义"共产风"，降低"大跃进"的高指标。1959年4月，毛泽东给全国各级干部写了一封信说：收获多少，就讲多少，不可以讲不合实际的假话。干劲一定要有，假话一定不可讲。

但是，在1959年7月到8月中央召开的庐山会议上，由于党内对"大跃进"的评价出现了严重分歧，毛泽东对彭德怀、张闻天等人进行了错误的批判。本应纠正"左"倾错误的会议，转向了"反右倾"斗争。

"大跃进"最大的失误是急于求成，在速度上盲目求快；人民公社化运动最大的失误是片面追求生产关系的公有化程度。这些都背离了实事求是的原则，脱离了中国国情，违背了经济发展的客观规律。

调整国民经济和社会关系

主要由于"大跃进"的"左"倾错误，加上持续发生的自然灾害和苏联突然中断援助协议、撤走专家，中国的国民经济在1959年到1961年出现了严重困难局面。国民经济比例严重失调。钢铁工业挤压其他工业部门，轻工业等严重萎缩，市场供应十分紧张。国家财政收入锐减，出现巨大的财政赤字。全国粮食产量急剧下降，1961年跌落到1951年的水平以下。

七千人大会

严重的经济困难引起中央的震惊，党和国家开始采取紧急措施。1960年11月，中共中央发出周恩来起草、毛泽东改定的《关于农村人民公社当前政策问题的紧急指示信》，要求用最大努力纠正"共产风"。1961年1月，中共八届九中全会正式确定对整个国民经济实行"调整、巩固、充实、提高"的八字方针，实际停止了"大跃进"方针。

1962年1月，中共中央召开扩大的中央工作会议，因共有7118人参加，通常称为七千人大会。毛泽东在大会上自我批评说："凡是中央犯的错误，直接的归我负责，间接的我也有份，因为我是中央主席。"邓小平、周恩来分别代表中共中央书记处和国务院在会上作了自我批评。他们的讲话在大会上获得了热烈反响，许多人感动得热泪盈眶。从中央到地方，各级干部和人民一道，节衣缩食，同心同德，共克时艰。

国民经济调整

1962年2月，受命主持国民经济调整的陈云提出：增加农业生产，解决吃、穿问题，保证市场供应，制止通货膨胀，在目前是第一位的问题。中央确定了对国民经济调整的四项重大举措。第一，大量减少职工和城镇人口。从1961年到1963年7月，全国城镇人口精简2600万人，吃商品粮人数减少2800万人。第二，大幅度压缩基建项目。全国施工基本建设项目由1960年的8.2万多个减为1962年的2.5万多个。第三，全党大办农业，增加社队所需贷款和物资，提高农副产品的收购价格，允许社员经营少量自留地和家庭副业。第四，增产日用工业品，增加财政收入；大幅度压缩各项事业费和国防费，对一部分高档消费品实行高价政策回笼货币。

到1962年底，国民经济开始复苏。粮食产量刹住了三年连续下跌的势头；生猪产量扭转了连续四年下降的趋势；全国人均消费与上年相比，粮食增加11斤，猪肉增加1.6斤，棉布增加2.5尺。又经过三年的努力，国民经济各项调整任务均顺利完成。到1965年，粮食产量基本达到1957年水平，棉花产量超过1958年水平。其余钢、煤、化肥产量都有较大幅度增长。部分凭票购买的商品开始敞开供应。

社会关系调整

在调整国民经济的同时，中央对社会关系也进行了调整。1962年6月，中共中央批转中央统战部《关于全国统战工作会议的报告》和民族事务委员会《关于民族工作会议的报告》等文件，要求党主动调整同知识界、工商界、民主党派、民主人士、宗教界、少数民族、归国华侨及其他爱国人士的关系，决定凡是在交心运动中受到处分或者被划为右派分子的应一律平反，在"拔白旗""反右倾"斗争中受到错误处理的都应该平反。到1962年底，大部分被划为右派分子的人都摘掉了帽子。各界人士纷纷表示愿与共产党同舟共济，团结一致，克服困难。

在这一过程中，中央高层也出现了一些认识分歧。随着中苏两党两国关系破裂，毛泽东认为，这些分歧是修正主义思潮，必须开展"反修防修"斗争。在1962年9月中共八届十中全会上，毛泽东强调阶级斗争要年年讲、月月讲、天天讲，以后又要求开展"四清"运动。到1964年底，毛泽东又明确提出"党内走资本主义道路的当权派"是"阶级斗争"的主要对象。对社会主义社会主要矛盾和阶级斗争形势的判断，越来越陷入扩大化和绝对化的迷误。尽管如此，这一时期，党和国家的中心任务仍然是经济调整和建设，中央提醒不要让"四清"等阶级斗争干扰了经济建设。

"四个现代化"蓝图和社会主义建设成就

从1956年到1965年的十年，社会主义建设在探索中曲折前进，取得了重要成就。全国基本建设新增固定资产，相当于旧中国从19世纪末兴办近代产业到1949年所形成固定资产的7.5倍。

"四个现代化"蓝图

1964年12月至1965年1月，第三届全国人大一次会议在北京召开。会上，周恩来代表党和政府在《政府工作报告》中宣布了"四个现代化"

的蓝图：在不太长的历史时期内，把中国建设成为一个具有现代农业、现代工业、现代国防和现代科学技术的社会主义强国，使中国经济走在世界的前列。中央还确定了分两步走的战略构想：第一步，经过大约三个五年计划，建立起独立的比较完整的工业体系和国民经济体系；第二步，全面实现"四个现代化"。

工业和国防建设成就

工业方面，以苏联援建的156项工程为中心的一大批建设项目投产，为中国的现代化工业打下了初步基础。1965年与1955年相比，全国工业总产值增长1.83倍，工业产品涌现了大批历史上的"第一个"：中国自行建造的第一辆小轿车、第一台拖拉机、第一辆中型坦克、第一架直升机、第一艘万吨级货轮、第一条电气化铁路、第一台电子计算机、第一家电视台等。全国除西藏外各省都通了铁路，营业里程增长48.4%。农业方面，农田基本建设取得了重要成就，到1965年全国有效灌溉面积比1957年增长21%。虽然由于"大跃进"的失误，国民经济出现严重困难，许多工厂、水库、电站等基础设施没有完全形成新增生产能力，但毕竟为以后的经济建设提供了重要物质条件。科技方面，

工作人员在操作中国试制成功的第一台大型快速通用数字计算机。

参加石油大会战的科技人员和职工向大庆地区挺进。

1963年研制成功中国第一台大型晶体管电子计算机,标志着中国电子计算机技术进入第二代;1965年9月人工合成胰岛素,开辟了人类人工合成蛋白质的时代。

最振奋人心、成为时代标志的建设成就,是大庆油田的发现和原子弹爆炸成功。1959年9月,在东北松辽盆地发现了世界级的特大砂岩油田,当时正值新中国成立十周年大庆之际,因此命名为大庆油田。几万名石油职工和退伍军人在茫茫草原上艰苦奋战,露宿风餐,人拉肩扛,三年多的时间里,建设起了中国最大的石油基地——大庆油田。到1965年,中国实现了石油全部自给。为了抵御大国核垄断和核讹诈,1962年中央成立以周恩来为首的中央专门委员会,组织和领导原子弹研制工作。1964年10月16日,中国成功地爆炸了自己研制的第一颗原子弹,使中国进入了核大国行列。

伟大的爱国奋斗精神

这一时期,中国建立了以后进行现代化建设所依赖的很大部分物质和技术基础,全国经济建设的主要骨干力量和管理经验很大部分也是这个时期培养和积累起来的。取得这些物质成就的同时,中华民族展现出艰苦奋斗、奋发图强的爱国奋斗精神。

以王进喜为代表的大庆石油工人、科技人员和干部，坚持严格要求和科学态度相统一，创造了中国工人阶级"爱国、创业、求实、奉献"的大庆精神。以陈永贵为代表的山西昔阳县大寨大队农民，在恶劣自然环境下，劈山造田，战胜连年自然灾害，取得大丰收，创造了农业战线上的大寨精神。河南林县人民在县委领导下，经过多年苦战，凿穿太行山，修建了"人工天河"红旗渠。县委书记的榜样焦裕禄，带领全县人民治理盐碱地和沙丘，鞠躬尽瘁，死而后已。沈阳军区某部运输连班长雷锋，在平凡工作岗位甘当螺丝钉，勇于奉献，乐于助人，表现了崇高的共产主义情操。南京路上好八连，身居闹市，艰苦朴素，自觉抵制拜金主义腐朽思想。以钱学森、李四光、邓稼先、华罗庚等为代表的科学家，为国家和民族勤劳钻研，凝成了热爱祖国、无私奉献、自力更生、艰苦奋斗，大力协同、勇于攀登的"两弹一星"精神。

这十年，是一个艰苦奋斗、困难重重的时代，也是一个意气风发、斗志昂扬的时代。通过工业学大庆、农业学大寨、全国学习解放军和学习雷锋、学习焦裕禄等运动，举国上下呈现出值得浓墨重彩书写的时代独特风貌，形成了可歌可泣的民族精神和奋斗精神。

"文化大革命"的发动、抵制和纠正

1966年5月至1976年10月，发生了一场由毛泽东错误发动、广大群众参与并卷入其中，被林彪、江青集团利用，给中国共产党、国家和各族人民带来严重灾难的"文化大革命"运动。

"文化大革命"的起因

由于在"什么是社会主义"问题上的错误认识和对中国的阶级形势及中国共产党的政治状况等方面的错误判断,毛泽东从防止"和平演变"的目标出发,认为:一大批资产阶级的代表人物、反革命的修正主义分子,已经混进党里、政府里、军队里和文化领域的各界里,相当多单位的领导权已经不在马克思主义者和人民群众手里;党内走资本主义道路的当权派在中央形成了一个资产阶级司令部,并有一条修正主义的政治路线和组织路线,各省、市、自治区和中央各部门都有其代理人;过去的各种斗争都不能解决问题,只有实行文化大革命,公开地、全面地、自下而上地发动广大群众来揭露我们的黑暗面,才能把被走资派篡夺了的权力重新夺回来。这些论点集中地反映在《五一六通知》和中共九大政治报告中。历史证明,这些论点明显地违背了把马克思主义普遍原理和中国革命具体实践相结合的毛泽东思想科学体系。

发动"文化大革命"

"文化大革命"大体上可以分为发动、抵制、纠正三个阶段。1966年5月发动到1969年4月中共九大召开,经历了全面发动、全面夺权、"全面内战"及"斗、批、改"运动、建立革命委员会、整党建党等阶段。中国共产党和国家的各级组织、机构普遍受到严重冲击而瘫痪,林彪、江青集团利用毛泽东的错误和对他们的信任,把持了党和国家的重要权力,打击广大干部和群众,制造了全国性的动乱和大批冤假错案。

毛泽东一方面在运动初期号召群众起来造反,使得"文化大革命"的动乱迅速扩大,难以纠正;一方面他也采取了军管军训、制止武斗、隔离审查坏人等一些果断措施,制止形势进一步恶化失控。以周恩来为代表的国务院领导进行了极为艰难的努力,尽量减小这场灾难的损失,维持社会秩序和生产建设。运动之初,人民群众中有相当多的人响应号召或是被卷进其中,随着动乱的扩大,他们中的大多数人开始产生了怀疑。

抵制"文化大革命"

1969年4月到1973年8月中共十大召开，是坚持和抵制"文化大革命"错误的斗争相持阶段。运动方式基本上结束了大规模无政府主义造反形式，但国内形势并没有像毛泽东预想的那样走向"天下大治"，而是继续陷入无休止的派性斗争。1971年9月九一三事件的发生标志着林彪反革命集团的覆灭，也宣告了"文化大革命"在理论和实践上的破产。周恩来主持中央日常工作后，领导对极左思潮的批判，恢复了一批被"文化大革命"破坏的党和国家的方针政策。毛泽东一方面领导取得了对林彪集团斗争的胜利，另一方面仍然坚持"文化大革命"的路线，不允许纠正其根本性错误。因此，江青集团的力量继续得到加强，形成了"四人帮"。

纠正"文化大革命"的努力

1973年8月到1976年10月粉碎"四人帮"，是努力纠正或部分纠正"文化大革命"错误的阶段。以周恩来、邓小平为代表的党内正确力量逐步壮大。围绕坚持还是纠正"文化大革命"的错误，斗争向纵深继续进行。邓小平在毛泽东支持下，着手对军队、工业、农业、交通、科技等许多方面的工作进行整顿，使1975年的形势有了明显好转。最终，广大人民群众拥护周恩来、邓小平，反对"四人帮"的"四五运动"，奠定了彻底纠正"文化大革命"错误的思想基础和群众基础。华国锋、叶剑英等在1976年9月毛泽东逝世后代表中共中央政治局采取断然措施，结束了这场历时十年之久的"文化大革命"。

"文化大革命"使全国面临严重的政治和社会危机，难以数计的干部和群众遭到打击迫害，民主和法制被肆意践踏，严重破坏了马克思主义、毛泽东思想的声誉，人民的思想和道德伦理陷于混乱。"文化大革命"造成了国民经济的巨大损失，人民生活水平下降，科学文化事业被摧残，拉大了中国与世界发展的距离。实践证明，"文化大革命"不是

1976年10月24日，首都各界群众在天安门广场集会，热烈庆祝粉碎"四人帮"的胜利。

任何意义上的革命或社会进步，而是一场给中国共产党、国家和人民带来严重灾难的动乱。"文化大革命"时期，中国共产党和人民对"左"倾错误和林彪、江青集团的斗争，一直没有停止，使得中国共产党最终依靠自身的力量，纠正了这一全局性的长时间的"左"倾严重错误。

曲折中发展

"文化大革命"时期，党和国家为建成独立的比较完整的工业体系和国民经济体系的努力并没有中止。1975年1月，周恩来在四届全国人大一次会议的政府工作报告中，重申了三届全国人大提出的"四个现代化"宏伟目标。

从1964年到1978年，中国在中西部地区的11个省、自治区开展了一场以战备为中心，以工业交通、国防科技工业为基础的三线建设，建成了攀枝花钢铁基地、成昆铁路、西昌卫星发射基地、刘家峡水电站、中国第二汽车厂等近2000个项目，形成了中国可靠的国防战略后方，初步改变了内地基础工业薄弱的布局不合理状况,促进了内地社会经济繁荣和科技文化进步。

从1972年起,国家实施了从西方国家引进26个化肥、化纤、冶金、石油化工、电力大型成套先进技术设备的"四三方案",配套建成了几十个大型项目。改革开放时期,中国能够很快解决吃饭穿衣问题,原因之一就是"四三方案"引进项目的投产,使化肥和化纤产量得到了大幅度提高。

这一时期,中国以国防为主的科学技术得到了突破发展。1967年中国第一颗氢弹爆炸成功;1970年中国第一颗人造地球卫星"东方红一号"发射成功,同年秦山核电站和平利用原子能起步;1971年中国第一艘鱼雷核潜艇试验完成。其他方面还有:1972年屠呦呦等成功提取出新型抗疟药青蒿素,2015年首获科学类诺贝尔奖;1972—1973年袁隆平等人育成杂交水稻优良品种,1976年开始推广,被世界誉为"绿色革命";1973年中国第一台每秒百万次集成电路电子计算机研制成功。

1970年4月24日,中国成功地发射了第一颗人造地球卫星。

外交战略的调整和突破

20世纪50年代中期至60年代中期，在美苏两个超级大国主导的世界冷战格局中，中国面临来自多方的公开的或潜在的威胁挑衅和军事压力。坚持独立自主，反对霸权主义，发展同亚非拉国家的关系成为中国外交工作的重点。

中美关系"破冰"

"文化大革命"使国家的外交工作受到严重干扰，外交纠纷不断发生，外交形象受到损害。进入70年代，国际形势发生了巨大变化。毛泽东、周恩来审时度势，及时对外交战略作出了富有远见的重大决策。关键的一环，是缓和中美关系。

1969年尼克松就任美国总统后，多次表现出改善对华关系的意向。毛泽东注意到了这一变化，及时采取了相应措施。中美两国在波兰华沙恢复了长期中断的大使级会谈。1970年，毛泽东两次会见美国记者斯诺，明确表示："如果尼克松愿意来，我愿和他谈，谈得成谈不成都行。"1971年4月，毛泽东决定邀请美国乒乓球队访华，打开了中美文化交流的大门，被誉为"小球转动大球"的"乒乓外交"。7月，美国总统特使基辛格秘密访问中国，同中国总理周恩来举行了会谈。中美双方公布的会谈《公告》宣布，尼克松总统将在1972年5月以前的适当时间访问中国。这一消息在世界上引起巨大震动。1972年2月，尼克松总统一行对中国进行正式访问。毛泽东会见尼克松，双方进行了友好的谈话。随后，周恩来和尼克松进行了多次会谈，在上海发表了举世瞩目的《中美联合公报》，成为中美关系史上的里程碑。此后，虽然中美建交被拖延下来，但两国关系开始走向正常化，对国际形势产生重大影响。

1971年10月，第26届联合国大会恢复了中华人民共和国在联合国的合法席位。

恢复联合国合法席位

1971年10月25日，第26届联合国大会以176票赞成的压倒性多数通过决议，恢复中华人民共和国在联合国的一切合法权利，把台湾国民党当局的"代表"从联合国一切机构中驱逐出去。中华人民共和国的五星红旗第一次在联合国升起。中国在联合国合法席位的恢复，是中国外交的重大突破，是新中国国际地位不断提高的重要标志。

三个世界划分

从70年代前期起，毛泽东对国际形势逐步形成了关于三个世界划分的思考，认为苏美两个超级大国属于第一世界，其他西方发达国家和东欧国家属于第二世界，亚洲、非洲、拉丁美洲的广大发展中国家属于第三世界。这一思想对于中国结成反对霸权主义统一战线，发挥了重要作用。

这一时期外交战略的调整和突破，改善了中国的外部环境，拓宽了中国外交活动的舞台，为此后中国的对外开放、扩大对外贸易、加强对外经济技术交流与合作创造了有利条件。

第五章

拨乱反正与伟大历史转折

　　粉碎"四人帮"的胜利，使国家进入了新的历史发展时期。历史把两个相互联系的重大历史课题摆在中国共产党和中国人民面前：一是如何纠正"文化大革命"及其以前的"左"倾错误，正确评价毛泽东和毛泽东思想的历史地位；二是如何正确思考和开辟新的社会主义建设道路，为中国规划出新的发展蓝图。1978年12月的中共十一届三中全会，实现了新中国历史上具有深远意义的伟大转折。1981年6月的中共十一届六中全会，通过了《关于建国以来党的若干历史问题的决议》，标志着指导思想上拨乱反正历史任务的完成。

"两个凡是"和真理标准问题大讨论

1976年10月胜利粉碎"四人帮"之后,广大干部和群众以极大的热情投入各项革命和建设工作。全国普遍开展了深入揭批"四人帮"运动,深入揭发批判江青反革命集团的罪行。党和国家组织的整顿,冤假错案的平反,开始部分地进行。工农业生产得到比较快的恢复,教育科学文化工作也开始走向正常。

邓小平复出与批评"两个凡是"

随着揭批"四人帮"运动的深入,广大干部和群众越来越强烈地要求纠正"文化大革命"的错误,加快平反冤假错案,包括为天安门事件平反和为邓小平恢复名誉及领导职务。与此同时,世界经济快速发展,科学技术日新月异。国内外大势要求中国共产党尽快就关系党和国家前途命运的大政方针作出战略抉择。

党内外的呼声和要求却遇到了严重的阻碍。这固然是由于历史的惯性作用,"文化大革命"造成的政治上思想上的混乱不容易在短期内消除,客观上需要有一个转圜的时间;同时也由于当时担任中共中央主席、国务院总理的华国锋在指导思想上坚持"两个凡是"(即"凡是毛主席作出的决策,我们都坚决维护;凡是毛主席的指示,我们都始终不渝地遵循")的错误方针,致使党和国家的工作出现了"在徘徊中前进"的局面。

首先旗帜鲜明批评"两个凡是"、倡导实事求是的是邓小平。1977年4月,他在给华国锋、叶剑英的信中提出,我们必须世世代代地用准确的完整的毛泽东思想来指导我们全党、全军和全国人民。5月,他在同中央办公厅负责同志谈话时指出:"两个凡是"不符合马克思主义。这是个重要的理论问题，是个是否坚持历史唯物主义的问题。7月，中共十届三中全会通过《关于恢复邓小平同志职务的决议》，恢复邓小平中共中央委员、中央政治局委员、中央政治局常委、中共中央副主席、中央军委副主席、国务院副总理、中国人民解放军总参谋长职务。邓小平在这次全会的讲话中再次强调，要完整地准确地理解毛泽东思想，把毛泽东倡导的实事求是的作风恢复起来。邓小平批评"两个凡是"，积极倡导和恢复实事求是，成为在思想战线拨乱反正的先导。

1977年7月30日，从中国新闻媒体上消失一年多的邓小平重新出现在首都工人体育场国际足球邀请赛的看台上，全场10万观众起立鼓掌，表示对邓小平复出的热烈欢迎。邓小平复出，对"两个凡是"的错误方针是一个重大突破。

真理标准问题大讨论

邓小平等对实事求是的大力倡导，进一步引起人们对"两个凡是"观点的质疑。1978年5月10日，中央党校内部刊物《理论动态》刊发《实践是检验真理的唯一标准》一文。5月11日，《光明日报》以特约评论员名义将这篇文章公开发表，新华社全文转发。随后，《人民日报》及全国绝大多数省、市、自治区报纸陆续转载。这篇文章从理论上根本否定了"两个凡是"的错误方针，在全国引起热烈反响。

对"实践是检验真理的唯一标准"的观点，邓小平等给予了有力支持。6月2日，邓小平在全军政治工作会议上批评了把坚持实事求是说成是"犯了弥天大罪"的怪论。邓小平的讲话被作为中央文件下发，对真理标准问题讨论和实际工作起到巨大促进作用。到1978年下半年，真理标准问题讨论逐渐进入高潮。

真理标准问题大讨论冲破了"两个凡是"的禁区，促进了人们思想解放，为全面实现拨乱反正、顺利实现党和国家工作重点转移创造了重要条件，为实现伟大的历史性转折作了思想上的重要准备。

改革开放的酝酿

为进一步推动了解世界、学习外国先进经验,从 1977 年下半年起,国务院一些部委先后派出考察团前往西方国家考察。1978 年上半年,中央又派出两个代表团出国考察。其中一个,是由国务院副总理谷牧率领的代表团,先后出访法国、瑞士、比利时、丹麦、联邦德国。这是中国首次向西方国家派出的国家级政府经济代表团。出访前,邓小平专门听取谷牧等的汇报,并嘱咐说:要看看人家的现代工业发展到什么水平了,也看看他们的经济工作是怎么管的。资本主义国家先进的经验、好的经验,我们应当把它学回来。这些考察、出访,对于党和国家下决心实行对外开放起了重要的推动作用。

在真理标准问题讨论的同时,国务院于 1978 年下半年先后召开务虚会和全国计划会议。会议中酝酿和提出的改革开放思想,以及当时在一些工业部门和部分农村出现的改革尝试,为中共十一届三中全会后大规模的改革开放,探索了经验,作了必要的政策准备。

拨乱反正和平反冤假错案

邓小平恢复工作后,选择科技教育作为正本清源、拨乱反正的突破口,自告奋勇抓科技、教育。

科教文化战线的拨乱反正

1977 年 8 月 8 日,邓小平在全国科学和教育工作座谈会上发表讲话,肯定教育战线 17 年(指 1949—1966 年)的"主导方面是红线",

全国科学大会会场

指出科学、教育工作者都是劳动者,知识分子的名誉要恢复。对科学、教育工作者客观公正的评价,极大调动了知识分子的积极性。9月,邓小平同教育部主要负责同志谈话,明确提出"教育战线的拨乱反正问题",推倒了"文化大革命"期间对此前教育工作的"两个估计"(即"文化大革命"前17年教育战线是资产阶级"黑线专政",知识分子的大多数基本上是"资产阶级知识分子")。10月,经中共中央、国务院批准,恢复了中断十多年的高等学校招生考试制度。1978年3月,全国科学大会在北京召开。邓小平在会上发表讲话,着重阐述了科学技术是生产力,知识分子是工人阶级的一部分,四个现代化的关键是科学技术的现代化等重要思想。中国科学院院长郭沫若坐着轮椅带病出席大会开幕式,作了《科学的春天》这篇充满诗意和激情的书面发言,号召科技工作者热烈地拥抱科学的春天。大会制定了《1978—1985年全国科学技术发展规划纲要(草案)》,动员全国人民向科学技术现代化进军。

与此同时,文艺战线纠正了所谓"文艺黑线专政论",肯定"文化大革命"前文艺工作的成绩。1978年5月至6月,中国文学艺术界联合会第三届全国委员会召开第三次扩大会议,进一步批判"文艺黑线专政论"，恢复了全国文联和中国作家协会等五个文艺协会。一批受迫害的文艺工作者得到平反昭雪，一批被禁演的电影、戏剧重新上演，一批"禁书"重新与读者见面。文学、戏剧、电影、美术、音乐、舞蹈等的创作逐步走向繁荣。

1977年5月，经中共中央批准，哲学社会科学学部从中国科学院分出，成立中国社会科学院，由胡乔木任院长。中国社会科学院成立后，调整健全内部机构，恢复、创办学术刊物，扩大对外学术交流，使社会科学研究日益兴盛。同时，新闻、广播、电视和出版事业，卫生、体育和其他各项文化工作，得到了恢复和发展，并逐步走上正轨。

平反冤假错案

为从组织上扫清拨乱反正的障碍，1977年12月，中共中央任命胡耀邦为中央组织部部长。中央组织部把平反冤假错案作为冲破"两个凡是"、拨乱反正的突破口，仅1978年一年，就直接办理和复查平反

刘少奇（1898—1969）追悼大会

130多名副省、副部级以上干部的大案要案，大批在"文化大革命"中被打倒的中央和地方领导干部，受到冤屈的各条战线的专家、劳动模范、先进工作者恢复了名誉，重新走上工作岗位。

国家政治生活恢复正常

在拨乱反正中，国家政治生活恢复正常。1978年2月26日至3月5日，五届全国人大一次会议在北京召开。会议选举叶剑英为全国人大常委会委员长，宋庆龄等20人为副委员长；选举江华为最高人民法院院长，黄火青为最高人民检察院检察长；决定华国锋为国务院总理、邓小平等13人为副总理。1978年2月24日至3月8日，全国政协五届一次会议在北京举行。会议选举邓小平为全国政协主席，乌兰夫等22人为副主席。

为了调动一切积极因素，党和政府加强了对少数民族和边疆地区的工作，加强了对台、港、澳的工作。1978年6月至7月，中央组织部和国家民族事务委员会召开少数民族干部工作座谈会。全国妇联、全国总工会、中国共青团等组织在1978年下半年也先后召开全国代表大会，恢复正常活动。"文化大革命"中被严重破坏的统战工作逐步得到恢复。中央对台工作领导小组要求各省、市、自治区（除西藏外）党委都要成立对台工作小组，力争用和平的方式解决台湾问题。1978年，中央成立港澳小组，协助中央掌管港澳工作。

恢复和发展经济

为恢复和发展经济，从1976年底开始，中共中央和国务院先后召开农业、计划、铁路、工业、财贸、煤电、运输、粮食等全国性会议，采取了一系列积极措施，使国民经济出现恢复性增长。1978年，在遭到严重自然灾害情况下，粮食产量达到30477万吨，为当时历史最高水平，国内生产总值达到3624.1亿元，比上年增长11.7%。但是，在经济恢复过程中，指导思想和具体举措上也出现了追求高指标、快速度的急于求成倾向，导致了国民经济比例失调。

正确处理历史遗留问题

中共十一届三中全会后，大规模清理冤假错案工作全面展开，成为拨乱反正，实现安定团结、生动活泼政治局面的重要步骤。经过大量切实的调查研究，1980年5月召开的中共十一届五中全会决定为中共中央原副主席、中华人民共和国原主席刘少奇彻底平反昭雪。在此前后，中央陆续为遭受冤屈的其他党和国家领导人、各族各界的领袖人物恢复了名誉，肯定了他们在长期革命斗争中为党和人民建树的历史功勋。全国各地也复查和平反了大量冤假错案。

党和国家还实事求是地处理历史遗留问题，调整各种社会关系：完成了对1957年错划为"右派分子"的改正工作，为现已改造成为劳动者的绝大多数原地主、富农分子改订了成分，宣布原工商业者已改造为劳动者，把原为劳动者的小商小贩、手工业者从原资产阶级工商业者中区别出来；支持各民主党派恢复活动，切实落实民族政策和宗教政策，全面落实各项侨务政策，并为原国民党起义投诚人员落实了政策。党和政府对历史遗留问题的正确处理，对于恢复实事求是的优良传统和作风，恢复和健全正常的民主生活，营造生动活泼的政治局面，加强社会主义法制建设，都有重要和长远的意义。

工作重心转移和改革开放的决策

1978年12月18日至22日，中共十一届三中全会在北京举行。会前，11月10日至12月15日召开了中央工作会议。这次36天的中央工作会议讨论解决了"文化大革命"中遗留的一批重大问题和一些重要领导人的是非功过问题。邓小平在会议闭幕会上发表《解放思想，实事求是，团结一致向前看》的讲话。

解放思想，实事求是

邓小平的这篇讲话突出强调"解放思想是当前的一个重大政治问题"，高度评价真理标准讨论的意义，指出："只有解放思想，坚持实事求是，一切从实际出发，理论联系实际，我们的社会主义现代化建设才能顺利进行，我们党的马列主义、毛泽东思想的理论也才能顺利发展。"讲话强调民主是解放思想的重要条件，指出："为了保障人民民主，必须加强法制。必须使民主制度化、法律化，使这种制度和法律不因领导人的改变而改变，不因领导人的看法和注意力的改变而改变。"要求做到有法可依，有法必依，执法必严，违法必究。讲话还提出，处理历史遗留问题为的是向前看，指出：毛泽东在长期革命斗争中立下的伟大功勋是永远不可磨灭的。"没有毛泽东主席就没有新中国，这丝毫不是什么夸张。""我们要完整地准确地理解和掌握毛泽东思想，并在新的历史条件下加以发展。"在谈到要研究新情况、解决新问题时，讲话强调："实现四个现代化是一场深刻的革命。在这场伟大的革命中，我们是在不断地解决新的矛盾中前进的。因此，全党同志一定要善于学习，善于重新学习。"这篇讲话实际成为十一届三中全会的主题报告。

十一届三中全会与伟大转折

中共十一届三中全会是在党和国家面临向何处去的重大历史关头召开的。全会重新确立了解放思想、实事求是的思想路线。全会高度评价了关于实践是检验真理的唯一标准问题的讨论，提出要完整准确地掌握毛泽东思想的科学体系。"会议一致认为，只有全党同志和全国人民在马列主义、毛泽东思想的指导下，解放思想，努力研究新情况新事物新问题，坚持实事求是、一切从实际出发、理论联系实际的

中共十一届三中全会会场

原则,我们党才能顺利地实现工作中心的转变,才能正确解决实现四个现代化的具体道路、方针、方法和措施,正确改革同生产力迅速发展不相适应的生产关系和上层建筑。"全会明确指出:"党中央在理论战线上的崇高任务,就是领导、教育全党和全国人民历史地、科学地认识毛泽东同志的伟大功绩,完整地、准确地掌握毛泽东思想的科学体系,把马列主义、毛泽东思想的普遍原理同社会主义现代化建设的具体实践结合起来,并在新的历史条件下加以发展。"

全会实现了政治路线的拨乱反正,果断地停止使用"以阶级斗争为纲"的口号,作出把党和国家工作重心转移到经济建设上来、实行改革开放的决策。全会指出,实现四个现代化,要求大幅度地提高生产力,也就必然要求多方面地改变同生产力发展不适应的生产关系和上层建筑,改变一切不适应的管理方式、活动方式和思想方法,因而是一场广泛而深刻的革命。全会指出,在经济建设问题上,必须采取一系列新的重大措施,对经济管理体制和经营管理方法着手认真改革,在自力更生的基础上积极发展同世界各国平等互利的经济合作,努力采用世界先进技术和先进设备,并大力加强实现现代化所必需的科学和教育工作。全会提出的一系列经济建设和改革开放思想,吹响了改革开放的进军号,开始了以改革开放为鲜明特征的新时期。

全会决定,根据党的历史经验教训,要健全党的民主集中制,健全党规党法,严肃党纪。全会增选陈云为中央政治局委员、中央政治局常委、中共中央副主席;增选邓颖超、胡耀邦、王震为中央政治局委员;决定增补九位同志为中央委员。全会决定成立中央纪律检查委员会,选举陈云为中央纪律检查委员会第一书记。

中共十一届三中全会从根本上冲破了长期"左"倾错误的束缚,结束了粉碎"四人帮"以来党和国家工作在徘徊中前进的局面,实际上确立了邓小平在党的第二代中央领导集体中的核心地位,标志着重新确立了马克思主义的思想路线、政治路线、组织路线,实现了新中国成立以来具有深远意义的伟大转折。

必须坚持四项基本原则

在拨乱反正过程中,党内外思想活跃,开始形成生动活泼的政治局面,但也出现了否定党的领导、否定社会主义道路的错误思潮。针对这种情况,1979年3月30日,邓小平在理论工作务虚会上发表《坚持四项基本原则》的讲话,指出:我们要在中国实现四个现代化,必须在思想政治上坚持四项基本原则。这是实现四个现代化的根本前提。四项基本原则是:第一,必须坚持社会主义道路;第二,必须坚持无产阶级专政(即人民民主专政);第三,必须坚持共产党的领导;第四,必须坚持马列主义、毛泽东思想。邓小平指出:"这四项基本原则并不是新的东西,是我们党长期以来所一贯坚持的。粉碎'四人帮'以至三中全会以来,党中央实行的一系列方针政策,一直是坚持这四项基本原则的。"他明确指出:"每个共产党员,更不必说每个党的思想理论工作者,决不允许在这个根本立场上有丝毫动摇。如果动摇了这四项基本原则中的任何一项,那就动摇了整个社会主义事业,整个现代化建设事业。"四项基本原则的提出,明确了党和国家的立国之本,标志着坚持以经济建设为中心、坚持四项基本原则、坚持改革开放等基本思想的形成，对确保改革开放和社会主义现代化建设的正确方向起到了重要作用。

指导思想拨乱反正任务的完成

中共十一届三中全会后，全国人民迫切要求依法对林彪、江青反革命集团进行审判。国家司法机关对林彪、江青反革命集团案依法进行审判，是拨乱反正历史任务的重要组成部分，与纠正"文化大革命"的错误密切相关，也是中国走向依法治国的显著标志。

依法审判林彪、江青反革命集团

1980年2月，中共中央决定成立"两案"审判指导委员会和工作小组。同年9月29日，五届全国人大常委会第十六次会议通过《关于成立最高人民检察院特别检察厅和最高人民法院特别法庭检察、审判林彪、江青反革命集团案主犯的决定》，任命最高人民检察院检察长黄火青兼任特别检察厅厅长，最高人民法院院长江华兼任特别法庭庭长。在侦查预审过程中，按照"只审罪行、不审错误"的原则，严格区分罪行和错误，实事求是地确定罪与非罪。从1980年11月20日正式开庭到1981年1月25日进行终审宣判，历时两个多月，江青、张春桥、王洪文、姚文元、陈伯达、黄永胜、吴法宪、李作鹏、邱会作、江腾蛟十名主犯分别受到法律惩处。有关省、市人民法院和人民解放军军事法院分别对两个集团骨干成员进行了审理和判决。对林彪、江青集团的审判，代表了人民的意愿，显示了社会主义法制的威严。

审判林彪、江青反革命集团

起草《关于建国以来党的若干历史问题的决议》

在平反冤假错案的同时,对新中国成立以来的历史进行科学总结,提上了重要议事日程。1979年9月29日,叶剑英代表中共中央、全国人大常委会和国务院在庆祝中华人民共和国成立30周年大会上发表讲话,对新中国成立以来的历史经验教训作了比较深入的总结。这篇讲话是在邓小平领导下起草的,历时三个月,几经讨论修改,最后由中共十一届四中全会讨论通过。这篇讲话对后来形成的《关于建国以来党的若干历史问题的决议》有着重要意义。

1979年10月下旬,中共中央政治局常委会决定着手起草新中国成立以来党的若干历史问题的决议。起草工作由邓小平主持。1980年3月19日,邓小平同起草小组负责人谈话,提出起草历史决议的三条总的要求。第一，确立毛泽东的历史地位，坚持和发展毛泽东思想。这是最核心的一条。第二，对新中国成立30年来历史上的大事，哪些是正确的，哪些是错误的，要进行实事求是的分析，作出公正的评价。第三，通过这个决议对过去的事情作个基本的总结。这个总结宜粗不宜细。"总结过去是为了引导大家团结一致向前看。"

历史决议的起草工作，从1980年3月正式启动，经过反复讨论和几次重写，形成了历史决议的初稿；同年9月，提交各省、市、自治区党委第一书记座谈会讨论。从10月中旬至11月下旬，中共中央政治局又组织全党4000多名高级干部讨论。随后，又经过多次修改和讨论，至1981年5月中共中央政治局扩大会议原则通过后，草案提交中共十一届六中全会审议。全会召开前夕，又开了八天预备会议，分组讨论历史决议草案，对草案的内容和表述作了100多处增补和修改。

历史决议的重大历史意义

1981年6月27日至29日，中共十一届六中全会审议通过了《关于建国以来党的若干历史问题的决议》（以下简称《决议》）。《决议》共分八个部分，回顾了新中国成立以前28年的历史，对新中国成立以来32年的历史作出基本估计，分别回顾和评价了基本完成社会主义改造时期、开始全面建设社会主义时期、"文化大革命"时期的重大历史事件，扼要回顾了十一届三中全会以来的历史伟大转折，科学评价并充分肯定毛泽东的历史地位和毛泽东思想，并通过总结正反两方面历史经验概括阐述了十一届三中全会以来逐步确立的适合中国情况的社会主义现代化建设正确道路的基本点。

《决议》充分肯定了新中国成立以来取得的十个方面主要成就，强调这些巨大成就是新中国成立后历史的主要方面，同时指出了在探索中国社会主义建设道路过程中发生的失误和曲折，根本否定了"文化大革命"这一全局性的、长时间的"左"倾严重错误，分析了产生这一错误的社会历史原因。

《决议》正确评价了毛泽东的历史地位，指出："毛泽东同志是伟大的马克思主义者,是伟大的无产阶级革命家、战略家和理论家。……他为我们党和中国人民解放军的创立和发展,为中国各族人民的解放事业的胜利,为中华人民共和国的缔造和我国社会主义事业的发展,建立了永远不可磨灭的功勋。他为世界被压迫民族的解放和人类进步事业作出了重大贡献。"《决议》概括了毛泽东思想的独创性内容和活的灵魂,阐述了坚持和发展毛泽东思想的重要意义。

《决议》的通过,标志着指导思想上拨乱反正历史任务的顺利完成,对全党全国人民团结一致向前看发挥了重要作用,为沿着正确轨道开创中国特色社会主义作出了不可磨灭的历史贡献。

第六章

改革开放与中国特色社会主义的开创

　　中共十一届三中全会后,经济体制改革从农村家庭联产承包责任制到城市综合经济体制改革,对外开放从试办经济特区到利用外资、发展对外贸易、扩大对外经济技术合作,改变了单一的公有制经济结构,冲破了高度集中的计划经济体制,实现了从封闭半封闭到全方位对外开放的转变。在改革开放伟大实践探索的基础上,邓小平在中共十二大开幕词中,提出了"走自己的道路,建设有中国特色的社会主义"这一主题;中共十三大规定了党在社会主义初级阶段的基本路线,概括了建设有中国特色社会主义理论的轮廓。

家庭联产承包责任制和乡镇企业异军突起

中共十一届三中全会提出，必须集中主要精力把农业尽快搞上去。为此，必须首先调动中国几亿农民的社会主义积极性，必须在经济上充分关心他们的物质利益，在政治上切实保障他们的民主权利。全会提出要切实保护农业经营单位的所有权和自主权，重申社员自留地、家庭副业和集市贸易是社会主义经济的必要补充部分，宣布全国粮食征购指标继续在"一定五年"的基础上稳定不变，并较大幅度提高粮食统购价格和农副产品收购价格，降低农用工业品出厂价格和销售价格，把降低成本的好处基本上给农民。

农村改革浪潮的兴起

全会同意将《中共中央关于加快农业发展若干问题的决定（草案）》和《农村人民公社工作条例（试行草案）》发到各省、市、自治区讨论和试行。这两个文件，提出了调整农村政策、减轻农民负担、增加农民收入、加快农业发展等一系列政策措施。其中一项重要政策，就是要求加强劳动定额管理，建立严格的生产责任制和必要的奖惩制度，坚决纠正平均主义。1979年1月，这两个文件下发各地试行，推动了农村改革浪潮的兴起。

在农村改革方面，农业大省安徽、四川走在全国前列，在前期试点的基础上开始试行"分地到组""包产到组"等责任制形式。全国不少省、市、自治区也随之开始尝试各种不同形式的农业生产责任制。到1979年冬，安徽省实行包产到组的生产队，已经达到生产队总数的61.6%，四川省达到57.6%。到1980年3月，全国实行包产到组的生产队达到生产队总数的28%。

包干到户与家庭联产承包责任制

在此过程中,以安徽省凤阳县梨园公社小岗生产队为主要代表,部分地区农民自发搞起了包产到户、包干到户的尝试。特别是包干到户的"大包干"办法,把农民生产经营的自主权、积极性同生产成果直接联系起来,简便易行,受到农民群众欢迎,增产效果特别突出。农民把这种办法概括为:"保证国家的,留够集体的,剩下都是自己的。"

邓小平、陈云等中央领导率先表明了对包产到户、包干到户的支持态度。1980年9月,中共中央召集各省、市、自治区党委第一书记座谈会,集中讨论农业生产责任制问题。会上印发了邓小平赞扬安徽省"双包制"的谈话,形成了《关于进一步加强和完善农业生产责任制的几个问题》的纪要。这个纪要改变了过去不准搞包产到户的提法,明确可以包产到户,也可以包干到户,并在一个较长时间内保持稳定。从此,家庭联产承包责任制从初步推行阶段进入大发展阶段。

1982、1983、1984年,中共中央连续以当年"一号文件"形式发

带头签订包干合同书的小岗生产队三名队干部

出关于农村工作的文件，把包产、包干到户称为"家庭联产承包责任制"和"在党的领导下中国农民的伟大创造"。到1984年底，全国实行"大包干"的农村生产队达到563.6万个，占生产队总数的99%，农户数达到18145.5万户，占农户总数的96.6%。

农村改革和农业政策调整，使中国农村经济发展出现了社会主义改造基本完成后少有的好形势。1979年至1984年，全国农业总产值年均递增8.9%，人均占有粮食由318.5公斤增加到395.5公斤，主要农副产品产量大幅增长，市场供应明显好转，初步改变了农副产品供给长期短缺的局面。在1984年10月1日新中国成立35周年的国庆游行队伍中，农民方阵伴随着"中央一号文件好"的巨型标语牌通过天安门广场，成为对农村改革和农业发展成就的形象反映。

"政社分开"与建立"乡政村治"

随着农村改革的推进，政社合一的人民公社体制已不适应农村发展要求。1979年8月，四川省广汉县进行人民公社管理体制改革试点，主要是将"政社合一"改为"政社分开"。1982年12月，五届全国人大五次会议通过的《中华人民共和国宪法》规定：在乡、民族乡、镇设立人民代表大会和人民政府，作为地方国家权力机关和行政机关；农村居民按居住地区设立村民委员会，作为基层群众性自治组织。在总结试点经验基础上，中共中央、国务院于1983年10月发出《关于实行政社分开，建立乡政府的通知》，要求有领导、有步骤地实行政社分开，建立乡政府，同时按乡建立乡党委；由村民民主选举产生村民委员会，村委会统管村级生产建设工作。农村基层组织变革到1985年全部完成，全国共建立乡、民族乡、镇人民政府9.2万多个，建立村民委员会82万多个，初步形成了"乡政村治"的农村基层管理体制。

乡镇企业异军突起

农村的改革发展带动了乡镇企业异军突起。1984年以前，乡镇企业称为社队企业。1984年3月，中共中央、国务院转发农牧渔业部

《关于开创社队企业新局面的报告》并发出通知，决定将社队企业改称乡镇企业，强调了发展农村多种经营和乡镇企业的重要意义，要求对乡镇企业给予积极的引导和必要的支持。到1984年底，乡镇企业数达到606.52万个，比上年增长3.5倍；就业人数5208.11万人，比上年增长61%；总产值1709.89亿元，比上年增长68.2%；上缴国家税金79.1亿元，比上年增长34.3%，呈现出蓬勃发展的大好势头。

城市经济体制改革和多种经济形式的发展

中共十一届三中全会提出，现在中国经济管理体制的一个严重缺点是权力过于集中，应有领导地大胆下放，让地方和工农业企业在国家统一计划的指导下有更多的经营管理自主权；应大力精简各级经济行政机构，把它们的大部分职权转交给企业性的专业公司或联合公司。全会还提出，要认真解决党政企不分、以党代政、以政代企的现象，实行分级分工分人负责，加强管理机构和管理人员的权限和责任。

启动经济体制改革

1979年3月，国务院成立财政经济委员会，开始对经济体制改革进行调研工作，并于同年12月向国务院提交《关于经济管理体制改革总体设想的初步意见》。1980年5月，国务院决定成立体制改革办公室，几经修改后提出《经济体制改革的总体规划》。这两个改革方案，对经济体制改革起了推动作用。1982年5月，国家经济体制改革委员会成立，经济体制改革在全国开展起来。

企业扩权让利改革

在国务院有关部门对经济体制改革进行规划论证的同时,改革试点工作也逐步开展。首先开始的是扩权让利改革。1978年10月,四川率先在重庆钢铁公司、成都无缝钢管厂等8家企业进行扩权让利试点;1979年,又将试点企业扩大到100家。1979年5月,国家经委、财政部等部门决定在京、津、沪选择首都钢铁公司、天津自行车厂、上海汽轮机厂等8个企业进行扩权改革试点。为规范扩权试点工作,国务院于1979年7月颁布《关于扩大国营工业企业经营管理自主权的若干规定》《关于国营企业实行利润留成的规定》等文件。

随着农村联产承包责任制的成功,国家经委推广山东等省市的经验,将盈亏包干引入扩权让利改革,并将其进一步发展为工业生产经济责任制。1981年10月,国务院批转国家经委、国务院体制改革办公室《关于实行工业生产经济责任制若干问题的意见》,提出国家对企业实行经

1980年青岛造船厂青年工人参加劳动竞赛的场景

济责任制的三种类型：利润留成；盈亏包干；以税代利、自负盈亏。随后，国务院又针对存在的问题接连出台相关规定，将完善经济责任制的重点放到企业内部责任制上来，在一定程度上解决了企业吃国家、职工吃企业"两个大锅饭"的问题。

以扩权让利、推行责任制为主要内容的企业改革，初步打破了现行管理体制的束缚，使企业开始拥有一定的经营管理权和自主财力，但也存在着争基数、闹比例、钻空子等现象。为进一步规范国家同企业的分配关系，从1983年起，中国实行了分两步走将国营企业向国家上缴利润改变为缴纳税金的改革，即"利改税"。"利改税"采用世界各国通行的办法，以税法、税率来规范国家和企业分配关系，使税收在国家财政收入中的比重从1978年的46.3%上升为1984年的63.1%。

城市综合经济体制改革

为解决好经济生活中城乡分割、条块分割、领导多头、互相牵制等问题，从1981年开始，中央统一部署先后在湖北沙市、江苏常州、四川重庆市进行综合经济体制改革试点。为了在更大范围内合理组织经济活动，国务院于1982年先后批准成立上海经济协作区（包括江浙两省10个城市）、山西能源重化工基地和东北能源交通协作中心等。1984年，国家体改委确定58个大中城市进行发挥城市综合功能等改革试点。到1984年，有重庆、武汉、大连、杭州、沈阳、南京、哈尔滨、广州、西安等9个省会或大城市实行计划单列，享有省级管理权限，着重发挥大中城市在组织经济方面的作用。

发展多种经济形式

经济体制改革的一项重要内容，就是在国营经济为主导、公有制经济为主体的前提下，允许多种经济形式、多种经营方式并存，支持和提倡城镇集体经济和个体经济的发展。发展多种经济形式，最初是从解决城镇劳动就业问题考虑的。当时，全国有1000多万上山下乡知识青年陆续回城，大批在平反冤假错案中落实政策的人需要重新安置，新成长起来的城市劳动力也面临就业问题，全国待业人员达 2000 多万人。这是一个直接关系群众切身利益和国家安定团结的重大问题。为此，1979 年 4 月的中央工作会议提出了"广开就业门路"的思想。1981 年 10 月，中共中央、国务院在《关于广开门路，搞活经济，解决城镇就业问题的若干决定》中明确指出："在社会主义公有制经济占优势的根本前提下，实行多种经济形式和多种经营方式长期并存，是我党的一项战略决策。"适当的政策扶植和相对宽松的社会环境，推动了集体经济和个体经济迅速发展。1984 年集体工业企业达到 35.21 万个，比 1978 年增长 33%。城镇个体工商户人数从 1978 年的 15 万人增加到 1984 年的 339 万人，增长 21.6 倍。1984 年集体商业机构达 159.4 万个，比 1978 年增长 63.7%。个体商业网点从 1978 年的 17.8 万个增加到 1984 年的 728.1 万个，增长 39.9 倍。

计划经济体制的突破

在改革计划管理体制方面，国家按照"计划经济为主、市场调节为辅"的原则，逐步实施实行指令性计划、指导性计划和市场调节三种管理方法。1982 年五届全国人大五次会议的《政府工作报告》提出，实行上述三种办法，关键是抓两头带中间，即重点把实行指令性计划的骨干企业和重要产品管好，把小企业小商品放开放活；提出"把大的方面用计划管住，小的方面放开"的原则，无论指令性或指导性计划，"都要自觉地利用价值规律"。

减少统配计划

适应扩大企业自主权需要，国家对计划体制作出调整，主要是对物资、商品分配办法作了变更。原确定的统配物资有 256 种，从 1981 年以后只对其中重要的短缺物资和汽车实行计划分配，其余物资和工业产品不再编制和下达分配计划。即使保留统配的物资，在完成上调任务后也允许地区之间、企业之间协作交换，开辟了物资流通的一个重要渠道。计划分配的品种大大减少，仅农副产品统购派购品种就由原 132 种减少到 71 种，取消了几十种商品的凭证凭票供应办法。生产和流通领域中市场调节的范围和作用逐年扩大。

实行"分灶吃饭"

国家在财政、税收、金融等领域也采取了多项改革措施。为了理顺中央与地方的分配关系，扩大地方权限，1980 年 2 月，国务院决定在大多数省市实行"划分收支、分级包干"（简称"分灶吃饭"）的财政管理体制，改变了过去全国"统收统支"的财政体制。"分灶吃饭"和大包干体制，加强了地方的经济来源，调动了地方发展生产、增收节支的积极性。同时，财政预算外资金逐年大幅增加。到 1984 年，预算外收入已达 1188.5 亿元，比 1978 年增长 2.42 倍，平均每年新增 140.2 亿元，占预算内资金的比重从 42.4% 上升到 81%。多数地方财政每年有结余，而中央财政这六年共有财政赤字 446.5 亿元。

实行"拨改贷"

为了明确经济责任和利益，国家基本建设投资由财政拨款改为银行贷款，简称"拨改贷"。实施"拨改贷"措施的目的，是解决基建投资领域存在的无偿占用资金和争项目、争资金、不讲投资效果等严重问题；此举对把国营企业改造成为独立的商品生产者，实行自负盈亏也有促进作用。这项改革措施于 1979 年 8 月试点，从 1981 年起，国务院决定凡具有还款能力的企业都实行"拨改贷"，后又决定从 1985 年起所有预算内基建投资全部实行"拨改贷"。

金融体制改革

在金融方面,从1979年起,国家先后恢复或单独设立中国农业银行、中国银行、中国人民建设银行(1979年改为专司基建贷款,后改称中国建设银行)、中国工商银行四个专业银行,中国人民银行专门行使中央银行职能,形成了新的金融体系。为发挥信贷的杠杆作用,1979年4月1日到1982年4月1日,国家前后四次提高储蓄存款利率,使银行吸收的存款余额从1978年的1134.5亿元增到1984年的3583.9亿元,增长2.16倍,平均每年新增存款408.3亿元。国家银行贷款能力也从1850亿元增到4766.1亿元,增长1.576倍,每年新增贷款额达486亿元。银行贷款从过去只限于给国营企业流动资金贷款,扩大到给城镇集体及个体工商户贷款和给企业设备或技术改造贷款。给城镇集体及个体工商户贷款从1979年的57.51亿元增到1984年的295.17亿元,增长4.13倍,累计贷款额达844.6亿元,对这个时期的城镇集体和个体工商户的迅速发展,无疑起了资金扶持作用。农村信用社对乡镇企业的贷款从12.1亿元增到135亿元,增长10.2倍;对农户的贷款从11.2亿元增到181.1亿元,增长15.2倍。贷款对这个时期的乡镇企业和农民家庭经济的发展起了推动作用。中短期设备贷款从7.92亿元增到289.6亿元,增长35.6倍。设备贷款累计发放784.3亿元,对国有企业设备更新、技术进步起了重大的促进作用。

试办经济特区和对外开放

中共十一届三中全会后,国家在推进对外开放方面主要采取了四种途径和方法:一是改革外贸体制,发展对外贸易;二是引进先进技术,引进先进经济管理经验;三是利用外资;四是创办经济特区。

邓小平视察建设中的深圳。

创办经济特区

按照允许部分地区"先行一步"的思路，这一时期的对外开放迈出了两大步。一是党中央和国务院于1979年7月决定允许广东、福建两省的对外经济活动实行特殊政策和优惠措施。二是决定在深圳、珠海、汕头、厦门设置经济特区。此外，1980年4月经国家外国投资管理委员会批准，成立了首批中外合资企业。同月，中日双方签订关于1979年度日方提供500亿日元贷款的协议。这成为改革开放后中国政府获得的第一笔外国政府长期低息贷款。对外贸易体制，围绕下放部分经营权、扩大贸易渠道等进行了初步改革，取得一定成效。

兴办经济特区，是影响最为深远的重大决策。1979年4月的中共中央工作会议期间，中共广东省委提出建议，希望中央下放若干权力，让广东在对外经济活动中有较多的自主权，允许在毗邻港澳的深圳、珠海和重要侨乡汕头举办出口加工区。中共福建省委也提出了类似建议。邓小平在听取汇报后指出："可以划出一块地方，叫做特区。陕甘宁就是特区嘛。中央没有钱，要你们自己搞，杀出一条血路来。"6月上旬，广东、福建省委分别向中央写出报告。7月15日，中共中央、国务院批转了广东、福建省委的报告，同意两省在对外经济活动中实行特殊政策和灵活措施,在经济发展上先走一步,同时试办"出口特区"。1980年5月16日,中共中央、国务院批转《广东、福建两省会议纪要》,正式将"出口特区"定名为"经济特区",决定"特区主要是实行市场调节","主要是吸收侨资、外资进行建设"。8月26日,五届全国人大常委会第十五次会议决定批准《广东省经济特区条例》。随后,广东、福建两省的四个经济特区相继投入开发建设。到1984年底,深圳、珠海、汕头、厦门四个特区与外商签订的各种经济合作协议已达4700多项,协议投资额达40亿美元,已实际投入使用8.4亿美元,占全国利用外资总额的1/5。发展最快的是深圳,1984年特区工业产值达13亿元(含宝安为18亿元),比1979年增长20倍;财政收入4.5亿元,比1979年增长10.6倍。

开放沿海港口城市

1984年1月24日至2月6日,邓小平视察深圳、珠海、厦门三个经济特区并分别题词,肯定了经济特区的发展经验。2月24日,邓小平在北京同几位中央负责同志谈话指出:"除现在的特区之外,可以考

天津经济技术开发区向美国公司出让土地使用权签字仪式

虑再开放几个港口城市"。3月26日至4月6日，中共中央书记处、国务院在北京召开沿海部分城市座谈会。5月4日，中共中央、国务院批转《沿海部分城市座谈会纪要》，确定进一步开放天津、上海、大连、秦皇岛、烟台、青岛、连云港、南通、宁波、温州、福州、广州、湛江和北海14个沿海港口城市。这一重大决策，使兴办经济特区向沿海港口城市对外开放拓展，对加快沿海地区经济发展具有重要战略意义。

中国特色社会主义的提出和开创

中共十一届三中全会以来，拨乱反正任务的完成，对新中国成立以来历史经验的科学总结，党和国家工作重心的重大转变，改革开放和现代化建设新的伟大实践的初步展开，这些都孕育并催生着中国共产党人在新的时代条件下对适合中国国情、具有中国特点的社会主义建设道路的伟大探索。

吹响"建设有中国特色的社会主义"号角

1979年3月，邓小平提出："过去搞民主革命，要适合中国情况，走毛泽东同志开辟的农村包围城市的道路。现在搞建设，也要适合中国情况，走出一条中国式的现代化道路。"1980年4月，他进一步指出："现在我们正在摸索比较快的发展道路，我们相信这方面是有希望的。不解放思想不行，甚至于包括什么叫社会主义这个问题也要解放思想。"正是沿着这样的思路深入总结思考，邓小平在中共十二大上提出了"建设有中国特色的社会主义"这个根本性命题，为十一届三中全会以来的理论和实践探索确立了一个非常明晰的主题。

1982年9月1日至11日，中国共产党第十二次全国代表大会在北

邓小平在中共十二大上致开幕词。

京召开。邓小平主持大会开幕式并致开幕词。邓小平指出:"我们的现代化建设,必须从中国的实际出发。无论是革命还是建设,都要注意学习和借鉴外国经验。但是,照抄照搬别国经验、别国模式,从来不能得到成功。这方面我们有过不少教训。把马克思主义的普遍真理同我国的具体实际结合起来,走自己的道路,建设有中国特色的社会主义,这就是我们总结长期历史经验得出的基本结论。"邓小平的开幕词,是一篇开创中国特色社会主义的纲领性文献。

"建设有中国特色的社会主义",是邓小平在总结中国社会主义建设正反两方面经验的基础上,对"什么是社会主义,怎样建设社会主义"的科学回答。邓小平说:"在搞社会主义方面,毛泽东主席的最大功劳是将马克思列宁主义的普遍真理同中国革命的具体实践结合起来。""中国的社会主义道路与苏联不完全一样,一开始就有区别,中国建国以来就有自己的特点。"邓小平从中国的实际出发,既注意继承毛泽东的成功经验,又善于吸取"文化大革命"的教训,正是在这样的基础上,获得对中国社会主义建设独特规律的正确认识。这个重要主题的提出,成为新时期改革开放和现代化建设的指导思想,为中国的发展指明了根本方向和道路。

胡耀邦代表第十一届中央委员会向大会作《全面开创社会主义现代化建设的新局面》报告,提出了中国共产党在新的历史时期的总任务,即：团结全国各族人民，自力更生，艰苦奋斗，逐步实现工业、农业、国防和科学技术现代化，把中国建设成为高度文明、高度民主的社会主义国家。报告围绕这一总任务系统阐述了到 20 世纪末中国现代化建设的战略目标、战略重点、战略步骤和一系列方针政策。

推进经济体制改革的纲领性文献

在总结经济体制改革经验的基础上，1984 年 10 月中共十二届三中全会通过了《中共中央关于经济体制改革的决定》（以下简称《决定》）。《决定》是推进经济体制改革的纲领性文献。邓小平在会上发言说："这个决定，是马克思主义的基本原理和中国社会主义实践相结合的政治经济学。"他在随后召开的中顾委第三次全体会议上又指出："这次经济体制改革的文件好，就是解释了什么是社会主义，有些是我们老祖宗没有说过的话，有些新话。我看讲清楚了。过去我们不可能写出这样的文件，没有前几年的实践不可能写出这样的文件。写出来，也很不容易通过，会被看作'异端'。我们用自己的实践回答了新情况下出现的一些新问题。"

《决定》共分十个部分。《决定》指出，加快以城市为重点的经济体制改革是当前形势发展的迫切需要。城市是中国经济、政治、科学技术、文化教育的中心，在社会主义现代化建设中起着主导作用。只有坚决地系统地进行改革，城市经济才能兴旺繁荣，才能适应对内搞活、对外开放

1985 年 9 月，上海宝山钢铁总厂炼出第一炉钢。

1991年，科技人员在同步辐射光束线实验室工作。

的需要，真正起到应有的主导作用，推动整个国民经济更好更快地发展。同时，世界范围兴起的新技术革命，对中国经济的发展是一种新的机遇和挑战，要求我们的经济体制具有更加强大的能力，吸收最新科技成就，推动科技进步，创造新的生产力。

《决定》指出，改革的基本任务是为了建立充满生机的社会主义经济体制。目前经济体制的主要弊端是：政企职责不分，条块分割，国家对企业统得过多过死，忽视商品生产、价值规律和市场的作用，分配中平均主义严重。为了从根本上改变束缚生产力发展的经济体制，必须认真总结中国的历史经验，认真研究中国经济的实际状况和发展要求，同时必须吸收和借鉴当今世界各国包括资本主义发达国家的一切反映现代社会化生产规律的先进经营管理方法。按照把马克思主义基本原理同中国实际相结合的原则，按照正确对待外国经验的原则，进一步解放思想，走自己的路，建立起具有中国特色的、充满生机和活力的社会主义经济体制，促进社会生产力的发展，这就是我们这次改革的基本任务。

《决定》指出，要建立自觉运用价值规律的计划体制，发展社会主义商品经济。社会主义的计划体制，应该是统一性同灵活性相结合的体制。改革计划体制，首先要突破把计划经济同商品经济对立起来的传统观念，明确认识社会主义计划经济必须依据和运用价值规律。商品经济的充分发展，是社会经济发展的不可逾越的阶段，是实现中国经济现代化的必要条件。改革现行的计划体制,就要有步骤地适当缩小指令性计划的范围,适当扩大指导性计划的范围。《决定》还对建立合理的价格体系,充分重视经济杠杆的作用,正确发挥政府机构管理经济的职能等问题作出具体部署。

各方面体制改革的启动

以中共十二届三中全会《决定》为标志,以城市为重点的经济体制改革进一步全面深入地开展起来,推动了对中国特色社会主义道路的进一步探索。1985年3月,中共中央作出《关于科学技术体制改革的决定》,要求按照经济建设必须依靠科学技术、科学技术工作必须面向经济建设的战略方针,尊重科学技术发展规律,从中国的实际出发,对科学技术体制进行坚决的有步骤的改革。同年5月,中共中央作出《关于教育体制改革的决定》,要求对教育体制、教育思想、教育内容、教育方法等有系统地进行改革,开创教育工作的新局面,使各级各类教育能够主动适应经济和社会发展的多方面需要。1984年、1985年相继作出的关于经济体制改革、科学技术体制改革和教育体制改革的决定,推动了全面改革蓬勃发展。邓小平对此称赞说:中央相继作出三项改革决定,"我很高兴"。"这些改革的总目标是一致的,都是为了使我国消灭贫穷,走向富强,消灭落后,走向现代化,建设有

1984年,邓小平在上海观看小学生操作简易电子计算机。

中国特色的社会主义。"

1986年9月，中共十二届六中全会通过《关于社会主义精神文明建设指导方针的决议》，从全面建设社会主义的战略高度，从中国特色社会主义事业的总体布局出发，系统阐述了社会主义精神文明建设的战略地位、根本任务和指导方针等重大问题。

中共十三大的历史贡献和三步走战略部署

1987年10月，中共第十三次全国代表大会在北京举行。大会深刻分析社会主义初级阶段的基本国情，明确规定了党在社会主义初级阶段"一个中心、两个基本点"的基本路线，以12个科学理论观点对建设有中国特色社会主义理论的轮廓进行了概括。这些观点主要包括：关于解放思想，实事求是，以实践作为检验真理的唯一标准的观点；关于建设社会主义必须根据本国国情，走自己的路的观点；关于在经济文化落后的条件下，建设社会主义必须有一个很长的初级阶段的观点；关于社

中共十三大会场

会主义社会的根本任务是发展生产力，集中力量实现现代化的观点；关于社会主义经济是有计划商品经济的观点；关于改革是社会主义社会发展的重要动力，对外开放是实现社会主义现代化的必要条件的观点；关于社会主义民主政治和社会主义精神文明是社会主义重要特征的观点；关于坚持四项基本原则同坚持改革开放的总方针这两个基本点相互结合、缺一不可的观点；关于用"一个国家、两种制度"来实现国家统一的观点；关于执政党的党风关系到党的生死存亡的观点；关于按照独立自主、完全平等、互相尊重、互不干涉内部事务的原则，发展同外国共产党和其他政党的关系的观点；关于和平与发展是当代世界的主题的观点。这些观点，构成了建设有中国特色社会主义理论的轮廓，初步回答了中国社会主义建设的阶段、任务、动力、条件、布局和国际环境等基本问题，规划了国家前进的科学轨道。

根据邓小平提出的设想，大会确定了经济发展三步走的战略部署：第一步，到1990年，实现国民生产总值比1980年翻一番，解决人民的温饱问题；第二步，到20世纪末，使国民生产总值再增长一倍，人民生活达到小康水平；第三步，到21世纪中叶，人均国民生产总值达到中等发达国家水平，人民生活比较富裕，基本实现现代化。三步走的战略部署，既体现了从中国实际出发的实事求是精神，又科学规划了实现社会主义现代化的战略蓝图。

中共十三大高度评价十一届三中全会以来开辟建设有中国特色社会主义道路的伟大意义，强调指出：这是马克思主义与中国实践相结合的过程中，继找到中国新民主主义革命道路、建立新中国和社会主义基本制度，实现第一次历史性飞跃之后的第二次历史性飞跃，对中国改革开放和现代化建设的发展具有重大而深远的意义。

第七章

社会主义市场经济体制的初步建立

从1992年到2002年这十年，是中华人民共和国史特别是改革开放史的一个重要阶段。在这十年中，中国共产党团结和带领全国各族人民，确立社会主义市场经济体制的改革目标，开创深化改革、扩大开放的新局面，推动中国改革开放取得丰硕成果。社会主义市场经济体制初步建立，社会主义民主法治建设成效显著，依法治国基本方略全面实施，人民生活总体上实现了由温饱到小康的历史性跨越。中国改革开放和社会主义现代化建设进入新的历史阶段。

社会主义市场经济体制改革目标的确立

确立中国经济体制改革的目标是建立社会主义市场经济,这是中共十四大作出的一项具有深远意义的重大决定。中共十四大报告明确指出,实践的发展和认识的深化,要求我们明确提出,中国经济体制改革的目标是建立社会主义市场经济体制,以利于进一步解放和发展生产力。

经济体制改革目标模式的渐进认识

中国经济体制改革确定什么样的目标模式,是关系整个社会主义现代化建设全局的一个重大问题,其核心是正确认识和处理计划与市场的关系。传统观念认为,市场经济是资本主义特有的东西,计划经济才是社会主义经济的基本特征。中共十一届三中全会以来,随着改革的深入,人们逐步摆脱这种观念,形成新的认识,对推动改革和发展起了重要作用。中共十二大提出计划经济为主,市场调节为辅;中共十二届三中全会指出商品经济是社会经济发展不可逾越的阶段,中国社会主义经济是公有制基础上的有计划商品经济;中共十三大提出社会主义有计划商品经济的体制应该是计划与市场内在统一的体制;中共十三届四中全会后,提出建立适应有计划商品经济发展的计划经济与市场调节相结合的经济体制和运行机制。

邓小平南方谈话对计划与市场的精辟论述

邓小平在1992年南方谈话中对这个问题作出了精辟论述,为中共十四大确立中国经济体制改革的目标模式奠定了思想基础,提供了理论依据。中共十四大报告说:"邓小平同志今年初重要谈话进一步指出,计划经济不等于社会主义,资本主义也有计划;市场经济不等于资本

江泽民在十四大会议上作报告。

主义,社会主义也有市场。计划和市场都是经济手段。计划多一点还是市场多一点,不是社会主义与资本主义的本质区别。这个精辟论断,从根本上解除了把计划经济和市场经济看作属于社会基本制度范畴的思想束缚,使我们在计划与市场关系问题上的认识有了新的重大突破。"

中共十四大召开前的6月9日,江泽民在中共中央党校省部级干部进修班上发表讲话。针对关于建立什么样的新的经济体制的争论,江泽民明确表示他比较倾向于使用"社会主义市场经济"这个提法。6月12日,江泽民征求邓小平对使用"社会主义市场经济"这一提法的意见。邓小平赞成使用这个提法,还说:"在党校的讲话可以先发内部文件,反映好的话,就可以讲。这样十四大也就有了一个主题了。"经过充分的酝酿和准备,社会主义市场经济体制的改革目标在中共十四大上正式确立下来。

社会主义市场经济体制的特征

社会主义市场经济体制是同中国社会主义基本制度结合在一起的。在所有制结构上,以公有制包括全民所有制和集体所有制经济为主体,多种经济成分长期共同发展,不同经济成分还可以自愿实行多种形式的联合经营。国有企业、集体企业和其他企业都进入市场,通过平等竞争发挥国有企业的主导作用。在分配制度上,以按劳分配为主体,多种分配方式并存。运用包括市场在内的各种调节手段,既鼓励先进,促进效率,合理拉开收入差距,又防止两极分化,逐步实现共同富裕。在宏观调控上，国家能够把人民的当前利益与长远利益、局部利益与整体利益结合起来，更好地发挥计划和市场两种手段的长处。国家计划是宏观调控的重要手段之一，重点是合理确定国民经济和社会发展的战略目标，搞好经济发展预测、总量调控、重大结构与生产力布局规划，集中必要的财力物力进行重点建设，综合运用经济杠杆，促进经济更好更快地发展。把社会主义制度与市场经济结合起来，是前无古人的伟大创举，是中国共产党人对马克思主义的重大发展，是社会主义发展史上的重大突破。

社会主义市场经济体制改革目标的确立，是对中共十二届三中全会提出的公有制基础上有计划商品经济改革目标的进一步发展，使中国经济体制改革和社会主义现代化建设的方向更加明确，对中国的经济体制改革具有重大指导意义。

深化改革、扩大开放和经济软着陆

中共十四大后，中国进入深化改革、扩大开放的新阶段。中共中央、国务院出台一系列重大改革举措，推动中国经济体制改革向纵深领域拓展。

深化改革

一是深化国有企业改革。中共十四大后，按照国有企业"产权清晰、权责明确、政企分开、管理科学"的要求，开始在100家国有大中型企业中进行建立现代企业制度的试点，在18个城市进行优化资本结构和资产重组的配套改革试点。试点企业进行了公司制、股份制改造，使企业成为自主经营、自负盈亏、自我发展、自我约束的市场主体。

二是财税体制改革迈出重要步伐。1993年国务院决定实行分税制，主要是按照中央和地方政府的事权划分,合理确定各级财政的支出范围;根据事权和财权相结合的原则,将税种划分为中央税、地方税和中央地方共享税,并建立中央税收和地方税收体系,由中央和地方两套税务机构分别征管。

三是金融体制改革稳步推进。从1994年开始,中国逐步建立起在国务院领导下,独立执行货币政策的中央银行宏观调控体系,以及政策性金融与商业性金融分离,以国有商业银行为主体、多种金融机构并存的金融组织体系;同时加强中央银行在宏观调控中的职能和作用。

1995年,中国人民银行的高层领导在街头宣传《银行法》,期望各界推动金融改革。

四是推进价格体制改革。从1993年起,国家陆续开放竞争性的商品价格,有计划地提高了粮食、棉花、石油、煤炭等基础产品价格,大部分生产资料价格由"双轨制"并轨为单一的市场价格,逐步确立了市场价格在价格体系中的主体地位,以经济手段为主的价格调控体系开始建立。

五是加快外贸体制改革。主要是将外贸进口的指令性计划改为指导性计划,逐步降低关税总水平,建立适应国际经济通行规则的运行机制,加快外贸体制与国际接轨,同时赋予具备条件的企业进出口经营权,提高其应对国际市场竞争的能力。

六是汇率改革迈出关键步伐。从1994年1月1日起,国家实行普遍的银行结汇售汇制,取消外汇双重汇率,实行人民币牌价与外汇调剂市场价并轨,建立起以市场供求为基础的有管理的单一的浮动汇率制度。1996年12月1日,国家又实行人民币经常项目下的可兑换,进一步沟通了国内外市场。

七是深化投资体制改革。主要是按照不同投资主体的投资范围和各类建设项目的不同情况，分别实行不同的投资方式，进一步强化企业的投资主体地位，在投资融资领域更多地引入市场竞争机制。

通过上述改革，中国加快了由计划经济体制向社会主义市场经济体制转轨的步伐，经济活力明显增强，经济建设呈现蓬勃发展的良好景象。这就为有效进行宏观调控，保持经济健康发展创造了有利条件。

扩大对外开放

在深化改革的同时，中国对外开放也不断扩大。中共十四大提出，"对外开放的地域要扩大，形成多层次、多渠道、全方位开放的格局。"中共十五大进一步提出，"要以更加积极的姿态走向世界，完善全方位、多层次、宽领域的对外开放格局，发展开放型经济，增强国际竞争力。"

远眺20世纪90年代的上海浦东新区

世界贸易组织第四届部长级会议通过中国加入世界贸易组织议定书。

在这些精神的指导下，中共中央、国务院采取一系列措施，大力推动对外开放。

1992年，中国决定开放长江沿岸的芜湖、九江、岳阳、武汉、重庆五个城市，形成了以上海浦东为龙头的长江开放带；以后又陆续开放了哈尔滨、长春、呼和浩特、石家庄四个边境、沿海省会城市，以及太原、合肥、南昌等11个内陆省会城市和珲春、绥芬河、黑河等13个沿边城市；随后又陆续开放了一批符合条件的内陆市县。2000年后，随着西部大开发等战略的实施，对外开放进一步向全国腹地扩展，全方位对外开放格局更加完善。

加入世贸组织，是中国改革开放进程中具有重大历史意义的又一件大事，是中共中央、国务院从经济发展和改革开放需要出发作出的重大决策，标志着中国对外开放进入了一个新的阶段。1986年7月，中国政府作出申请恢复中国关贸总协定缔约国地位的决定，并成立专门机构组织对外谈判工作。1995年关贸总协定改为世界贸易组织，此项谈判随之成为加入世贸组织谈判。经过15年艰难谈判，2001年11月10日，在卡塔尔首都多哈举行的世界贸易组织第四届部长级会议，通过了中国加入世贸组织的决定。12月11日，中国正式成为世贸组织成员。加入世贸组织，使中国不仅有分享经济全球化成果的权利，还可以参加制定有关规则，从而赢得了更加广阔的发展空间，对中国经济体制改革和对外开放产生了重大影响，是中国对外开放进入新阶段的重要标志。

随着经济全球化的新趋势和加入世贸组织后中国面临的新形势，中共中央适时提出并实施了对外开放"引进来"和"走出去"相结合的战略，推动对外开放迈上新台阶。到2001年，中国累计参与境外资源合作项目195个，总投资46亿美元；累计设立各种境外企业6610家，其中中方投资84亿美元。"引进来"和"走出去"相结合战略的实施促进了开放型经济的发展，完善了全方位、多层次、宽领域对外开放格局，提高了利用国内国外两个市场、两种资源的能力和水平。

宏观调控实现经济软着陆

中共十四大后，在深化改革、扩大开放的过程中，由于一些地方和部门片面追求高速度，也由于旧的宏观调控机制逐渐失效，新的调控机制尚未健全，以致出现了新的经济过热现象。具体表现为：货币投放过量，金融秩序混乱；投资需求和消费需求出现膨胀趋势；财政困难状况加剧；工业增长速度过快，基础设施和基础工业的瓶颈制约进一步加大；出口增长乏力，进口增长过快，国家外汇结存基本无增长；物价上涨过快，通货膨胀呈加速之势。

中共中央和国务院及时发现了上述问题，果断采取一系列加强宏观调控的措施。1993年6月24日，中共中央、国务院发出《关于当前经济情况和加强宏观调控的意见》，提出了16条加强宏观调控的措施。这16条措施主要是实行适度从紧的财政政策和货币政策，整顿金融秩序和流通环节，控制投资规模，加强价格监督。

为确保宏观调控措施落实到位，中共中央、国务院在1993年7月连续召开全国金融工作会议和全国财政、税收工作会议，提出了两个"约法三章"。金融系统的"约法三章"是：第一，立即停止和认真清理一切违章拆借，已违章拆出的资金要限期收回；第二，任何金融机构不得擅自或变相提高存贷款利率；第三，立即停止向银行自己兴办的各种经济实体注入信贷资金，银行要与自己兴办的各种经济实体彻底脱钩。财税部门的"约法三章"是：第一，严格控制税收减免；第二，严格控制财政赤字，停止银行挂账；第三，财税部门及所属机构，未经人民银行批准，一律不准涉足商业性金融业务，所办公司要限期与财税部门脱钩。

  在中共中央和国务院的有力领导下，宏观调控措施在全国得到切实贯彻。经过三年努力，经济过热的势头终于得到遏制。宏观调控取得显著成效，经济结构得到调整，过度投资得到控制，金融秩序逐步好转，物价涨幅明显回落。到1996年，中国经济成功实现从发展过快到"高增长、低通胀"的"软着陆"，避免了经济的大起大落。

社会主义市场经济体制的初步建立

  中共十四大作出建立社会主义市场经济体制的重大决策之后，中共中央、国务院加快了建立社会主义市场经济体制的步伐。1993年11月中共十四届三中全会上审议通过《中共中央关于建立社会主义市场经济体制若干问题的决定》（以下简称《决定》），为社会主义市场经济体制的建立提供了一份纲领性文件。

《决定》的起草和通过

  《决定》的起草历时五个半月。1993年5月31日，由各方面人士组成的《决定》起草小组成立。江泽民在起草小组第一次会议上作了长篇讲话，就《决定》的框架、主要内容及需要回答的问题等提出了一系列要求。他指出，这个《决定》对于改革开放和现代化建设具有十分重要的意义，关系到20世纪末直至21世纪中国的发展，必须以高度的责任心和使命感，集中精力起草好。根据江泽民的意见，起草小组草拟了一份共十个部分53条的文件提纲。中共中央政治局常委听取了起草小组关于《决定》起草内容的汇报，并原则同意这个提纲，要求据此开始正式文件的起草。

在《决定》起草过程中，中共中央政治局常委和政治局委员多次听取汇报，提出修改意见和要求，并多次召开向党内外各方面人士征求意见座谈会，对文件进行修改、补充和完善。《决定》的起草过程，是充分发扬民主，在民主的基础上集中全党智慧的过程，体现了全党、全国各族人民的共同意志。1993年11月14日，经过广泛讨论、反复修改，中共十四届三中全会审议通过《决定》。江泽民在讲话中指出，这个《决定》把十四大提出的经济体制改革的目标和基本原则加以具体化，在某些方面有进一步发展。这是我们在20世纪90年代进行经济体制改革的行动纲领。

《决定》的主要内容

《决定》对"转换国有企业经营机制，建立现代企业制度"，"培育和发展市场体系"，"转变政府职能，建立健全宏观经济调控体系"，"建立合理的个人收入分配和社会保障制度"，"深化农村经济体制改革"，"深化对外经济体制改革，进一步扩大对外开放"，"进一步改革科技体制和教育体制"，"加强法律制度建设"，"加强和改善党的领导"等重大问题作出决定，明确了建立社会主义市场经济体制的基本任务和要求，提出了建立社会主义市场经济体制的总体规划，勾画了社会主义市场经济体制的基本框架，规定了国有企业改革的基本方向，总结了中国改革开放的基本经验，也借鉴了市场经济发达国家的有益经验，回答了改革实践中提出的许多重大问题，在理论和政策上都有新的突破，思想性和指导性都很强，是继续深化改革的纲领性文件。《决定》的通过，标志着中国经济体制改革开始向建立社会主义市场经济体制的目标整体性推进。

按照中共十四大和十四届三中全会《决定》的要求，中国加快了建立社会主义市场经济体制的步伐。经过不懈努力，到2000年，中国成功实现了由计划经济体制向社会主义市场经济体制的转变，社会主义市场经济体制基本框架初步建立，中国经济发展的体制环境发生重大变化。

社会主义民主法治建设和"依法治国"方略

中共十四大后，为适应建立社会主义市场经济体制的需要，社会主义民主和法治建设得到扎实推进。

社会主义民主建设扎实推进

在社会主义民主建设方面，人民代表大会等根本和基本政治制度继续健全和完善。1995年2月，八届全国人大常委会第十二次会议通过了修改选举法和地方组织法的两个决定。修改后的选举法，缩小了农村与城市每一名代表所代表的人口数的比例；修改后的地方组织法，进一步完善了地方各级人大选举和决定国家机关组成人员的程序。这些修改，进一步提高了选举的民主程度，对完善中国选举制度和人民代表大会制度具有重要意义。

1993年3月，八届全国人大一次会议将"中国共产党领导的多党合作和政治协商制度将长期存在和发展"载入宪法，中国多党合作制度有了明确的宪法依据。1994年3月，全国政协八届二次会议审议通过的《中国人民政治协商会议章程》第一次把"参政议政"与原来的"政治协商、民主监督"并列为人民政协的主要职能，使人民政协的主要职能得到了拓展和延伸，工作的视野更加开阔，内容更加丰富。

2001年2月，九届全国人大常委会第二十次会议对民族区域自治法进行了修改。修改后的民族区域自治法，对于进一步坚持和完善民族区域自治制度，加快民族自治地方经济和社会发展，进一步巩固和发展平等、团结、互助的社会主义民族关系，发挥了重要作用。

基层群众自治在新形势下更加活跃和不断发展。对于农村，1998年11月，九届全国人大常委会第五次会议通过新修订的《中华人民共和国村民委员会组织法》，从法律上进一步确立了村民自治作为中国一项政治制度的地位，有力地推动了农村基层民主建设进程。对于城市，2000年11月，中共中央办公厅、国务院办公厅转发《民政部关于在全国推进城市社区建设的意见》，为社区建设的全面推进指明了方向，开启了城市社区居民自治发展的新阶段。对于企业，1999年9月，中共十五届四中全会通过的《关于国有企业改革和发展若干重大问题的决定》明确提出"发挥工会和职工代表大会在民主决策、民主管理、民主监督中的作用。坚持和完善以职工代表大会为基本形式的企业民主管理制度，实行民主评议企业领导人和厂务公开"。这项《决定》有力地保障了职工在企业管理中的民主权利，促进了基层民主的健康发展。

社会主义法治建设成就显著

在社会主义法治建设方面，中共十五大首次提出"到2010年形成有中国特色社会主义法律体系"的目标和任务，对立法工作提出了新的更高要求。为此，九届全国人大及其常委会加快立法步伐。到2003年3月九届全国人大任期结束前，构成中国特色社会主义法律体系的各个法律部门已经齐全，每个法律部门中主要的法律已经基本制定出来，中国特色社会主义法律体系初步形成。

中共十四大后，中国建立了一系列规范和监督政府行为的法律制度。1994年5月国家赔偿法颁布，确立了国家赔偿的法律制度，在保障公民的基本权利和促进国家机关及其工作人员依法行使职权方面迈出重要步伐。1996年3月通过的行政处罚法是关于行政处罚制度的第一部通则性法典。1999年4月通过的行政复议法，把行政复议制度作为行政

2001年11月,浙江省司法行政系统(含劳教单位)3497名公务员和2097名乡镇司法助理员,分别在全省24个考点参加了为期两天的全国司法行政系统公务员基本素质教育统一考试。

机关内部自我纠正错误的一种监督制度,加以法律化和规范化。通过建立这些法律制度,各级人民政府的行政权力逐步纳入法制化轨道,依法行政的观念在国家行政机关及其工作人员中基本确立。

中共十四大后,中国司法和司法行政机关健全组织机构,拓展工作领域,加强队伍建设,司法和司法行政工作得到持续发展。到2001年底,中国已有律师事务所10225个,律师工作人员122585人;公证处3186个,公证人员19303人。到2002年6月止,全国已建立各级法律援助机构2299个,专职法律援助工作人员已达8000多名,其中50%为法律援助专职律师,基本担负起了组织和实施法律援助的职能。司法和司法行政工作在化解社会矛盾、维护公平正义、服务经济发展、维护社会稳定中发挥了重要作用。

从1986年起,全国人大常委会在全民中实施普及法律知识的五年规划。到2002年中共十六大召开前,已连续实施了三个五年普法规划,

"四五"普法规划正在进展中。经过全国规模的普法教育，全体公民依法维护自身合法权益的能力不断增强，履行法律义务的自觉性不断提高，运用法律武器同各种违法犯罪行为作斗争的事例不断增多，遇到问题找法、解决问题靠法的观念开始确立。

确立依法治国基本方略

中共十五大在改革开放以来特别是中共十四大以来社会主义民主法治建设的基础上，提出了依法治国基本方略。

1994年12月9日，江泽民在第一次中共中央领导同志法制讲座的讲话中首次提出了"以法治国"。他指出，"建设社会主义法制，实行以法治国，是为了把我们国家建设成为富强、民主、文明的社会主义现代化国家。"1996年2月8日，江泽民在第三次中共中央领导同志法制讲座的讲话中，又把"以法治国"改为"依法治国"，并将其确定为"党和政府管理国家和社会事务的重要方针"。

1997年9月12日，江泽民在中共十五大报告中对"依法治国"作

中共十五大会场

了深刻阐述。报告指出："依法治国，就是广大人民群众在党的领导下，依照宪法和法律规定，通过各种途径和形式管理国家事务，管理经济文化事业，管理社会事务，保证国家各项工作都依法进行，逐步实现社会主义民主的制度化、法律化，使这种制度和法律不因领导人的改变而改变，不因领导人看法和注意力的改变而改变。依法治国，是党领导人民治理国家的基本方略，是发展社会主义市场经济的客观需要，是社会文明进步的重要标志，是国家长治久安的重要保障。"中共十五大报告还把依法治国的目标由"建设社会主义法制国家"改为"建设社会主义法治国家"。这样，中共十五大报告对依法治国作了深入、全面、精辟的论证和概括，从而把它作为党领导人民治理国家的基本方略正式确立了下来。

中共十五大依法治国基本方略的提出和建设社会主义法治国家奋斗目标的确立，是新时期法治建设史上的重要里程碑。以此为标志，中国法治建设进入以贯彻和实施依法治国基本方略为主要内容、以建设社会主义法治国家为奋斗目标的新的发展阶段。

"小康"目标的基本实现

"小康"这个概念，描述的是中国传统社会普通百姓对衣食无忧、平安幸福生活的美好向往和热切企盼。1979年12月6日，邓小平在会见日本首相大平正芳，回答他关于中国将来会是什么样的情况、整个现代化的蓝图如何构思等问题时，首次提出了"小康"的概念。邓小平说："我们要实现的四个现代化，是中国式的四个现代化。我们的四个现代化概念，不是像你们那样的现代化的概念，而是'小康之家'。"邓小平最初提出的"小康"目标，是到2000年实现国内生产总值比1980年翻两番，人均国民生产总值达到1000美元，人民物质文化生活总体达

1998年,摆脱了贫困走进小康的安徽省颍上县小张庄的农民正在建设农村新城镇。

到小康水平。

  2000年正是"九五"计划收官之年,完成"九五"计划与到20世纪末基本实现小康目标在时间节点上高度契合。"九五"期间,在错综复杂的国内外形势下,全国人民在党的领导下,克服种种困难,推动改革开放和现代化建设不断取得新的成就。到2000年,"九五"计划的主要任务完成或超额完成,中国现代化建设的第二步战略目标顺利实现,生产力水平又迈上一个大台阶,人民生活总体上实现了由温饱到小康的历史性跨越。

"翻两番"的任务超额完成

  国内生产总值2000年达89404亿元,自1979年起平均每年增长8.3%,国民生产总值比1980年翻两番的任务已经超额完成。在经济持续增长和效益改善的基础上,2000年国家财政收入达13380亿元,平

1999年10月1日,在庆祝中华人民共和国成立50周年群众游行队伍中的"国民经济发展新的活力"方阵中,以"促进非公有制经济健康发展"为主题的彩车引人注目。

均每年增长16.5%。主要工农业产品产量位居世界前列,商品短缺状况基本结束。产业结构调整取得积极进展。粮食等主要农产品生产能力明显提高,实现了农产品供给由长期短缺到总量基本平衡、丰年有余的历史性转变。淘汰落后和压缩过剩工业生产能力取得成效,重点企业技术改造不断推进。信息产业等高新技术产业迅速成长。基础设施建设成绩显著,能源、交通、通信和原材料的"瓶颈"制约得到缓解。

社会主义市场经济体制初步建立

国有大中型企业建立现代企业制度的改革取得重要进展。大多数国家重点企业进行了公司制改革,其中相当一部分在境内外上市。企业扭亏增盈成效显著,2000年国有及国有控股工业企业实现利润2392亿元,为1997年的2.9倍。国有大中型企业改革和脱困的三年目标基本实现。在公有制经济进一步发展的同时,私营、个体经济有了较快发展。市场体系建设继续推进，资本、技术和劳动力等要素市场迅速发展，市场在资源配置中的基础性作用明显增强。财税体制继续完善。金融改革步伐加快。城镇住房制度、社会保障制度和政府机构等方面改革取得重大进展。国家宏观调控体系进一步健全。

全方位对外开放格局基本形成

对外经贸体制改革稳步推进，外向型经济迅速发展。2000年进出口总额达4743亿美元，其中出口2492亿美元，分别比1995年增长69%和67%。出口商品结构改善，机电产品和高技术产品所占比重提高。对外开放领域逐步扩大，投资环境继续改善。吸收外资规模增大、质量提高。五年累计实际利用外资2894亿美元，比"八五"时期增长79.6%。国家外汇储备2000年底达1656亿美元，比1995年底增加920亿美元。

人民生活总体上达到小康水平

农村居民人均纯收入和城镇居民人均可支配收入，2000年分别达到2253元和6280元，平均每年实际增长4.7%和5.7%。市场商品丰富，居民消费水平不断提高，社会消费品零售总额平均每年增长10.6%。城乡居民住房、电信和用电等生活条件有较大改善。居民储蓄存款余额五年增长一倍多，股票、债券等其他金融资产迅速增加。农村贫困人口大幅度减少，"八七"扶贫攻坚目标基本实现。

科技、教育和社会事业全面进步

"863"计划顺利实施。航空航天、信息、新材料和生物工程等高技术领域获得一批重要成果。基础研究和应用研究取得新进展。部门所属应用型科研院所企业化改革基本完成，其他科研院所体制改革全面展开。科技成果市场化、产业化进程加快。各级各类教育全面发展。基本普及九年义务教育和基本扫除青壮年文盲的目标初步实现。高等教育管理体制改革取得重大进展。扩大高校招生受到群众普遍欢迎。人口和计划生育工作取得新成绩。生态建设和环境保护的力度明显加大。文化、卫生、体育等各项社会事业继续发展。廉政建设和反腐败斗争不断取得成效。社会治安综合治理进一步加强。社会主义精神文明建设和民主法治建设取得新的进展。国防和军队建设迈出新的步伐。

小康目标的基本实现，是中国改革开放和社会主义现代化建设事业取得的伟大成就，是中华民族发展史上的一个新的里程碑。这就为实施"十五"计划、实现第三步战略目标奠定了良好基础。

清华大学核研院1995年兴建中国首座10兆瓦高温气冷堆（HTR-10）。

第八章

"一国两制"与祖国统一

　　新中国成立初期，人民解放军相继完成对中国大陆的统一，仅剩下台湾和香港、澳门问题没有解决。中国共产党和中国政府坚持维护国家主权和领土完整的原则立场，同时根据当时的国际国内形势，充分考虑台湾和香港、澳门问题的历史与现实，采取了不同的灵活政策。改革开放新时期以来，完成祖国统一大业成为国家的重要任务，中央政府提出了"和平统一"的方针和"一国两制"的战略构想。按照"一国两制"战略构想，香港、澳门重新回到祖国的怀抱，并保持了繁荣稳定。事实证明，"一国两制"是实现祖国和平统一的最佳方案，也是香港、澳门回归后保持长期繁荣稳定的最佳制度。

"长期打算,充分利用"

1946年12月,毛泽东在陕北延安王家坪回答西方记者提问时指出:"现在不提出立即归还(香港)的要求。将来可按协商办法解决。"

1949年2月,毛泽东在西柏坡向斯大林代表米高扬进一步指出:"中国还有一半的领土尚未解放。大陆上的事情比较好办,把军队开去就行了,海岛上的事情就比较复杂,需要采取另一种较灵活的方式去解决,或者采用和平过渡的方式,这就要花较多的时间了。在这种情况下,急于解决香港、澳门的问题也就没有多大意义了。相反,恐怕利用这两地的原来地位,特别是香港,对我们发展海外关系、进出口贸易更为有利些。总之,要看形势的发展再作最后决定。"

妥善处理港澳问题

新中国成立时没有公开暂不收回香港的决定,而是通过秘密渠道向英国传递了保持香港现状的三项条件:(1)不能把香港用作反对新中国的军事基地;(2)不许在香港进行破坏新中国威信的活动;(3)新中国在港人员必须得到保护。英方表示接受三个条件,并在西方国家中率先承认新中国。但是,由于英国在重要国际问题上追随美国立场,1954年中英两国只建立了代办级外交关系。直到1972年,中国才与英国建立大使级外交关系。

香港、澳门虽被英国、葡萄牙占领,但从未与祖国中断联系。内地与港澳的人民往来和商业活动始终存在。在美国等西方国家对新中国实行经济封锁的情况下,香港、澳门成为中国对外贸易的重要渠道。

提出"长期打算,充分利用"方针

1959年夏,港澳工作务虚会在广州召开。会议总结了十年工作经验,提出了"长期打算,充分利用"的方针。1960年中央批准了会议报告。

"长期打算"是指中国政府对英葡管治下的港澳地区实行不同于内地的特殊政策,促其长期稳定,实现发展。如坚持和发展广泛的爱国统一战线,不在港澳地区搞社会主义运动;支持英葡当局依法管理港澳,使其放心搞一些建设,对重大民生项目提供积极帮助;支持港澳同胞为切身利益开展的合理合法斗争,并明确要求这些斗争不以推翻英葡当局和解放港澳为目标等。

"充分利用"包括政治外交经济等各个方面,即利用英美矛盾,扩大反美统一战线,反对美国的侵略政策、战争政策以及制造"两个中国"的阴谋;把香港作为国内联系国际市场的窗口和桥梁,招商引资,出口创汇,引进技术装备,打破美国的经济封锁;利用港澳开展对外活动,接待外国友人,广交朋友,吸引港澳台同胞和海外华侨华人回国参加建设;把港澳作为对台工作的重要渠道,推动两岸和平统一等。

内地大力支持港澳发展

为了解决香港的缺水难题,国家根据上述方针修建了深圳水库,于

2003年,香港水质事务咨询委员会成员在惠州检视东江水质。

1961年开始向香港供水；最初每年50亿加仑，以后提高到150亿加仑。1962年起，武汉、上海、郑州每日安排三趟快车为香港提供鲜活冷冻产品。

由于背靠祖国和得益于中国政府对港澳的长期方针，加上中英关系较好，1949年后，香港经济发展平稳，逐步形成了外贸、轻工、建筑、旅游、金融五大产业。这不仅有利于香港民生，也为内地社会主义建设提供了多方面支持。

坚持一贯立场处理港澳问题

长期以来，中国的港澳政策曾引起各种国际力量的猜疑和误解。针对这一情况，1963年3月8日，《人民日报》发表社论指出："中国人民并不需要在香港、澳门问题上显示武力，来证明自己反对帝国主义的勇气和坚定性。""香港、澳门这类问题，属于历史上遗留下来的帝国主义强加于中国的一系列不平等条约的问题"，对此类"历史遗留下来悬而未决的问题，我们一贯主张，在条件成熟的时候，经过谈判和平解决，在未解决以前维持现状"。

1966年和1967年，澳门、香港先后发生反抗葡英当局暴行的群众斗争。因受"文化大革命"的影响，斗争方式过"左"，并导致1967年8月北京红卫兵火烧英国代办处事件。中国政府及时纠正了这一错误，港英当局在总督麦理浩任上也因此改良了统治方式。此后，香港发展较快，步入东亚"四小龙"行列。

"一国两制"构想

"一个中国"原则在国际上确立后，统一国家的工作重点由外交、国际转向了内政和两岸。1979年1月,全国人大常委会发表《告台湾同胞书》,指出中央政府"在解决统一问题时尊重台湾现状和台湾各界人士的意见,采取合情合理的政策和办法,不使台湾人民蒙受损失"。

"一国两制"构想提出

"一国两制"的伟大构想是邓小平在毛泽东、周恩来"一纲四目"构想基础上提出来的。1981年9月,全国人大常委会委员长叶剑英发表谈话,提出台湾回归祖国实现和平统一的九条方针,建议举行国共两党对等谈判,实行第三次合作。邓小平说:九条方针"实际上就是一个国家,两种制度"。

此时,中英关于香港问题的解决也提上了日程。1979年3月,邓小平会见为香港前途而到访的麦理浩,向他明确指出:"1997年中国收回香港后,香港还可以搞资本主义。"1982年9月,邓小平会见英国首相撒切尔夫人,反驳了中英三个不平等条约有效论,否定了英方以

邓小平会见来访的英国首相撒切尔夫人。

主权换治权的解决方案，全面阐述了中方对香港问题的基本立场：（1）中国政府决定1997年收回香港；（2）香港回归后仍将实行资本主义，继续保持繁荣稳定；（3）双方政府应妥善商谈香港回归前平稳过渡，不出现大的波动。

"一国两制"构想内涵

1984年6月，邓小平会见香港工商界访京团和香港知名人士钟士元，全面阐述了"一国两制"的伟大构想。邓小平指出："我们的政策是实行'一个国家，两种制度'，具体说，就是在中华人民共和国内，大陆十亿人口实行社会主义制度，香港、台湾实行资本主义制度。""中国的主体必须是社会主义。大陆十亿人口实行社会主义制度，但允许国内某些区域实行资本主义制度，比如香港、台湾。""实现国家统一是民族的愿望，一百年不统一，一千年也要统一的。怎么解决这个问题，我看只有实行'一个国家，两种制度'。"

"一国两制"用于中央政府对香港、澳门恢复行使主权，形成了港澳模式，其特点是中央先恢复对港澳行使主权，再授权港澳特区实行自治。中央政府的港澳工作方针是"一国两制""港人治港""澳人治澳""高度自治"。"港人治港的标准必须是以爱国者为主体的港人来治理香港……爱国者的标准是，尊重自己民族，诚心诚意拥护祖国恢复行使对香港的主权，不损害香港的繁荣和稳定。"

用"一国两制"构想来解决国家统一问题，就要在坚持一个中国原则基础上，充分考虑台湾的现实情况，充分尊重台湾同胞的社会制度和生活方式，充分保障台湾同胞的私人财产和合法权益，充分吸收两岸各界的意见和建议，继续探索"两制"的台湾方案。

全面准确贯彻"一国两制"方针

中共十九大报告阐述了全面准确贯彻"一国两制"方针的新要求，指出："我们坚持爱国者为主体的'港人治港''澳人治澳'，发展壮大爱国爱港爱澳力量，增强香港、澳门同胞的国家意识和爱国精神，让香港、澳门同胞同祖国人民共担民族复兴的历史责任、共享祖国繁荣富强的伟大荣光。""必须继续坚持'和平统一、一国两制'方针，推动两岸关系和平发展，推进祖国和平统一进程。"

香港、澳门的回归

为了适当时候收回香港、澳门，中国政府于1972年3月致函联合国，反对将港澳列入反殖宣言的殖民地名单，指出："解决香港澳门问题完全是属于中国主权范围内的问题，根本不属于通常的'殖民地'范畴。"11月，联大会议通过了将港澳从殖民地名单上除去的决议。

启动港澳回归工作

为了实施"一国两制"的构想，1982年3月召开的五届全国人大五次会议在新通过的宪法中增设了第31条，规定："国家在必要时得设立特别行政区。在特别行政区内实行的制度按照具体情况由全国人民代表大会以法律规定。"

1983年7月，中英两国政府开始就香港回归问题举行会谈。经14个月22轮会谈，双方达成有关香港回归的协议。

中英联合声明

1984年12月，中英两国政府发表《关于香港问题的联合声明》，主旨是英国政府根据中国政府的决定于1997年7月1日把香港交还中国。

联合声明中中国政府还阐述了回归后对香港的12条基本方针政策，

中英两国政府签署关于香港问题的联合声明。

主要内容是：根据宪法第 31 条的规定，设立香港特别行政区，直辖于中央人民政府；除外交和国防事务属中央管理外，特区享有高度自治权，包括行政管理权、立法权、独立的司法权和终审权；香港现行法律基本不变；对上述基本方针政策等，全国人大将以香港基本法规定之，50 年不变。

1985 年 5 月，《中英联合声明》经双方互换批准书，正式生效，香港进入回归过渡期。

中国对香港恢复行使主权

1985 年 6 月，香港基本法起草委员会成立，由 23 名香港委员和 26 名内地委员组成。12 月，基本法咨询委员会在香港成立，由香港各界 180 人组成。1988 年 4 月和 1989 年 2 月，草委会两次公布基本法草案，征求港人和内地民众的意见。1990 年 4 月 4 日，七届全国人大三次会议通过了《中华人民共和国香港特别行政区基本法》（包括三个附件和区旗、区徽图案），同日公布，1997年7月1日起实施。

过渡初期，中英关系较正常，双方就香港政制改革达成了港英末届立法局在符合相关条件手续的情况下可直接转换为特区首届立法会的直通车方案。但是，1989年北京政治风波后，英国政府偏离合作立场，于1992年7月指派彭定康出任末代港督，推出"三违反"的政改方案，悍然将政改方案提交立法局通过。中国政府决定放弃直通车方案，按照基本法的相关规定和全国人大的决定另起炉灶组建特区立法机构。

1993年7月，全国人大成立了香港特区筹委会预备工作委员会。1994年2月，中国政府宣布，英国对香港管治到1997年6月30日为止，港英最后一届区议会、两个市政局和立法局，将随英国管治期的结束而终结。1996年1月，香港特区筹备委员会在京成立。12月，特区第一届政府推选委员会先后选举出特区第一任行政长官董建华和临时立法会。临时立法会随即开始工作，直到1998年特区第一届立法会产生。

1997年7月1日，中英两国政府举行香港政权交接仪式，中国对香港恢复行使主权，香港特区成立，基本法开始实施。香港进入了"一国两制""港人治港"、高度自治的历史新时期。

2004年12月20日，澳门特别行政区举行庄严的升旗仪式，庆祝澳门回归祖国五周年。

澳门回归祖国

新中国成立后，中葡长期未建立邦交，直到 1979 年 2 月葡萄牙政府完全接受一个中国原则，两国才建立了外交关系。1986 年 6 月，中葡政府就澳门回归问题开始会谈。1987 年 4 月，双方发表《联合声明》，确定 1999 年 12 月 20 日澳门回归祖国。1993 年 3 月，八届全国人大一次会议通过并颁布《中华人民共和国澳门特别行政区基本法》。1998 年 5 月，澳门特区筹委会成立。1999 年 5 月，国务院任命何厚铧为澳门特区第一任行政长官。12 月，澳门政权顺利交接，特区政府成立。

"一国两制"在香港、澳门的实践

"一国两制"在香港、澳门取得了伟大的成功。在世界经济不景气的背景下，香港经受了两次金融危机的冲击，保持了较快发展，2016 年 GDP 总值较 1997 年增长超过 8 成，年均增长 3.2%。这个速度低于内地各省，却远高于发达经济体平均水平。香港保持了市场经济传统，应对危机的韧性好、恢复快，连续 23 年被评为全球最自由经济体。

"一国两制"在香港

香港繁荣得益于国家的支持和帮助。1997 年，中央政府宣布不惜一切代价支持特区政府维护联系汇率制度；2003 年，中央政府支持香港抗击非典，与香港签署《关于建立更紧密经贸关系的安排》（CEPA），随后又实施内地居民赴香港"个人游"政策；2008 年中央推出支持香港经济金融稳定发展的 14 项政策措施；2009 年央行与香港金管局签署 2000 亿元人民币货币互换协议。此外，中央还采取多项措施支持特区巩固和提升竞争优势，鼓励特区与内地加强各领域的交流合作，确保对香港基本生活物资的安全稳定供应。

中央政府坚持"一国两制""港人治港"、高度自治的方针，严格按基本法办事，依法行使直接管理权，授权和监督特区依法实行高度自治，能够充分行使行政管理权、立法权、独立的司法权和终审权。1999 年、2004 年、2005 年、2011 年、2016 年，全国人大常委会分别就居留权、普选、新行政长官任期、国家豁免和宣誓制度，对基本法及其附件有关条款作出解释，保证了香港的稳定和繁荣。

"一国两制"在香港也遇到了严重挑战，表现为外国插手香港与香港舆论宣传西方思想相结合，使反共、抗中、亲西思潮泛滥，爱国爱港力量受到压制。受此影响，香港乱象时现，如 2003 年特区政府实施基本法 23 条立法受挫，2012 年发生反国民教育事件，2014 年发生"占中"事件，2015 年特区政府动议行政长官产生办法遭到立法会否决，2016 年"港独"势力进入第六届立法会等。

2017 年 7 月 1 日，习近平主席出席香港回归祖国 20 周年大会并发表重要讲话。他高度评价了"一国两制"在香港取得的举世公认的成功，提出更好落实"一国两制"的四点意见：（1）始终准确把握"一国"和"两制"的关系；（2）始终依照宪法和基本法办事；（3）始终聚焦发展这个第一要务；（4）始终维护和谐稳定的社会环境。

"一国两制"在澳门

澳门回归后，在"一国两制""澳人治澳"、高度自治的方针指引下，在澳门基本法的规范下，在中央政府的支持下，澳门经济高速发展，政治稳定，社会安定团结。2003 年 10 月，商务部与特区政府签署 CEPA。2009 年 2 月，特区政府先于香港完成基本法第 23 条立法。6 月，全国人大常委会通过议案，批准澳门大学在广东横琴岛建设新校区，并授权澳门特区实施管辖。

2017 年 5 月，全国人大常委会委员长张德江视察澳门特区，肯定了回归以来的辉煌成就，提出了澳门成功的基本经验：（1）准确贯彻"一国两制"方针和基本法；（2）切实落实中央全面管治权和特区行政主导体制；（3）积极推进经济发展和民生改善；（4）大力弘扬中华优秀文化和爱国爱澳主流价值。

"和平统一、一国两制"

1950年，中国政府因美国海军第七舰队侵入中国台湾海峡，推迟了武力解放台湾计划。朝鲜停战后，中国政府重新提出统一祖国的任务，并根据国际形势和两岸关系的变化，提出了争取和平解放台湾的方针。

争取用和平方式解放台湾

1955年，周恩来根据毛泽东主持中共中央政治局会议批准的方案，先后在4月的亚非会议、5月的一届全国人大常委会第十五次会议和7月的一届全国人大二次会议上，提出和阐述了争取和平解放台湾的方针，指出："中国人民解放台湾有两种可能的方式，即战争方式和和平方式。中国人民愿意在可能的条件下，争取用和平的方式解放台湾。"

从1956年起，毛泽东、周恩来多次找知名人士谈话，向台湾方面转告和平解决台湾问题的意愿，倡议中国共产党人和国民党人重新携手团结起来，协商和平解放台湾的具体步骤和条件。毛泽东的谈话后被周恩来归纳为"一纲四目"。"一纲"是台湾必须统一于中国，即中华人民共和国；"四目"是外交统一于中央、岛内财政不足之数由中央拨付、台湾社会改革可从缓、互不破坏对方团结。

坚持一个中国原则

新中国成立时，中国政府制定了"一个中国"的外交政策，主张世界上只有一个中国，台湾是中国的一部分，中华人民共和国政府是代表中国的唯一合法政府。

美国政府长期否认"一中"原则，不承认中华人民共和国，为中国进入联合国设置障碍，鼓吹"台湾地位未定"，策划"两个中国""一中一台"，成为中国和平统一的最大障碍。

中国政府成立之初不急于要求外国承认并与其建交和进入联合国等国际组织，主张凡与中国建交者必须承认一个中国的原则，断绝同台湾当局一切官方往来，并在联合国等主权国家国际组织中赞同中国收回被台湾当局非法占据的一切合法权利。

1971年，中国邦交国达到69个，其中63个为联合国成员国，构成了支持中国入联的重要力量。1971年10月，第26届联大通过第2758号决议，恢复中国在联合国一切合法权利，包括创始国、成员国、安理会常任理事国的地位，并逐出台湾当局的"代表"。一个中国即中华人民共和国的原则，已为国际社会广泛接受。

1972年2月，美国总统尼克松访华，中美双方发表《联合公报》。公报中声明："在台湾海峡两边的所有中国人都认为只有一个中国，台湾是中国的一部分。美国政府对这一立场不提出异议。"1979年1月，在美国与台"断交""废约""撤军"三个原则基础上，中美正式建交。在1982年的中美八一七公报中，美国承诺逐步减少并最终停止对台军售。迄今美国没有信守诺言，仍坚持向台湾售武，严重干扰中国的和平统一进程。

达成"九二共识"

1979年1月的《告台湾同胞书》提出尽快实现两岸"三通"，在岛内引起巨大反响。1987年，台湾解除戒严，开放党禁，允许老兵和台胞回大陆省亲。进入90年代后，两岸人民往来逐渐增多，台湾"财

汪道涵（左）、辜振甫（右）在首次会谈前互致问候。

团法人海峡交流基金会"（"海基会"）和北京"海峡两岸关系协会"（"海协会"）先后成立。"海协会"和"海基会"以民间方式建立了两岸直接联系。

1992年10月，"海协会"与"海基会"在香港举行会谈，达成在事务性商谈中各自以口头方式表述"海峡两岸均坚持一个中国原则"的"九二共识"。半年后，两会负责人汪道涵、辜振甫在新加坡举行首次"汪辜会谈"，达成了若干交流协议。

1993年8月，国务院新闻办发布《台湾问题与中国的统一》白皮书，阐述了"和平统一、一国两制"方针的四个基本点，重申了中国对涉台国际问题的基本立场。国家主席江泽民亦在1995年春节提出发展两岸关系、推进和平统一的"八项主张"。

制定《反分裂国家法》

正当两岸关系良性发展的关头，台湾地区领导人李登辉开始背弃"一中"原则，以所谓"私人身份"访美，鼓吹"两国论"，并连续七年推台入联。为表明中国政府捍卫国家主权和领土完整的决心，1995年夏秋和1996年春，解放军陆、海、空三军和第二炮兵连续在东南沿海举行了大规模的联合军演。1999年7月，"海协会"退回"海基会"来函，中止双方协商。

2000年5月，国民党随李登辉下台失去政权，由陈水扁代表民进党接替主政。此前国务院新闻办2月发布《一个中国的原则与台湾问题》白皮书，针对"台独"分裂图谋发出警告："如果出现台湾被以任何名义从中国分割出去的重大事变，如果出现外国侵占台湾，如果台湾当局无限期地拒绝通过谈判和平解决两岸统一问题，中国政府只能被迫采取一切可能的断然措施，包括使用武力"。

但是陈水扁不仅顽固坚持"台独"理念，而且变本加厉，以多种方式将"台独"理念付诸实施，公开否认"九二共识"，大搞"去中国化"。针对这些疯狂举动，2004年12月，中国政府在《2004年中国的国防》白皮书中进一步警告："如果台湾当局铤而走险，胆敢制造重大'台独'事变，中国人民和武装力量将不惜一切代价，坚决彻底地粉碎'台独'分裂图谋。"

2005年3月，十届全国人大三次会议通过了《反分裂国家法》，规定了实现和平统一的基本政策和"采取非和平方式及其他必要措施，捍卫国家主权和领土完整"的法律底线，明确了中央政府对岛内"台独"分裂行为的司法管辖权。

两岸关系的和平发展

在反"台独"的斗争中，中央政府加强了对岛内国民党和党外统派的统战工作。从2000年下半年起，中央政府为照顾岛内统派的心结和处境，把"台湾是中国的一部分"表述为"大陆和台湾同属于一个中国"。

2005年3月，胡锦涛强调了坚持一个中国原则决不动摇、争取和平统一的努力决不放弃、寄希望于台湾人民的方针决不改变、反对"台独"分裂活动决不妥协的"四点意见"。4月29日，他会见了来京访问的国民党主席连战。这是60年来国共两党最高领导人的首次会谈。

2018年1月7日晚,"两岸小围炉——2018海峡两岸少儿春节大联欢"在福州完成录制。

双方讨论了"两岸关系和平发展共同愿景",达成以坚持"九二共识"、反对"台独"、谋求台海和平稳定、促进两岸关系发展为主要内容的"三项体认"和"五个促进",以新闻公报形式公布于世。

2008年5月,马英九上台,表示承认"九二共识",赞成胡锦涛提出的"建立互信、搁置争议、求同存异、共创双赢"的16字方针,两岸关系进入了较好的和平发展时期,实现了如下重大成果:(1)两岸高层交往,如2008年5月的"胡吴会"和2015年11月的"习马会";(2)签署多项合作协议,包括《海峡两岸经济合作框架协议》(ECFA),实现了两岸直接"三通";(3)大陆善意回应台湾"外交休战",同意台湾以"中华台北"名义参加世界卫生组织;(4)台湾多次就南海主权表态,对大陆的南海主张给予配合。同时,两岸关系仍存在很大的不确定性,没有打牢两岸和平发展的基础。

和平统一"五点主张"

2016年5月,国民党在台湾地区领导人选举中再次落败。蔡英文上台后,秉持百般掩饰的"台独"立场,先表示尊重1992年两岸达成共同认知与谅解的历史事实,随后对"九二共识"和两岸关系提出"不挑衅、不主动、不负责"的新三不政策;执政一年后又对大陆提出"新情势、新问卷、新模式"的三新政策。对此,中央政府将承认"一中"原则和"九二共识"作为底线,既给对方留出改弦更张的空间,又坚守反对"台独"的原则立场。

2017年10月,习近平在中共十九大报告中独辟一章论述"坚持'一国两制',推进祖国统一"。他指出:"体现一个中国原则的'九二共识'明确界定了两岸关系的根本性质,是确保两岸关系和平发展的关键。承认'九二共识'的历史事实,认同两岸同属一个中国,两岸双方就能开展对话,协商解决两岸同胞关心的问题,台湾任何政党和团体同大陆交往也不会存在障碍";同时强调"我们有坚定的意志、充分的信心、足够的能力挫败任何形式的'台独'分裂图谋。"

2019年1月2日,习近平在《告台湾同胞书》发表40周年纪念会上发表讲话,全面回顾了新中国成立70年来特别是1979年1月全国人大常委会发表《告台湾同胞书》40年来两岸关系的发展历程,全面阐述了推动两岸关系和平发展、实现祖国和平统一的"五点主张":携手推动民族复兴,实现和平统一目标;探索"两制"台湾方案,丰富和平统一实践;坚持一个中国原则,维护和平统一前景;深化两岸融合发展,夯实和平统一基础;实现同胞心灵契合,增进和平统一认同。习近平的"五点主张",站在中华民族大发展大作为的新时代高度,顺应两岸关系发展的历史大势,对推动两岸关系和平发展、实现祖国和平统一有着重要指导意义。

第九章

全面建设小康社会与科学发展

  2002年中共十六大至2012年的十年间，中国共产党和中国政府紧紧抓住和用好发展的重要战略机遇期，及时提出和全面贯彻科学发展观等重大战略思想，坚定不移推进全面建设小康社会，以加入世界贸易组织为契机，深化改革开放，加快发展步伐，中国经济总量从世界第六位跃升到第二位，社会生产力、经济实力、科技实力迈上一个大台阶，人民生活水平、居民收入水平、社会保障水平迈上一个大台阶，综合国力、国际竞争力、国际影响力迈上一个大台阶，国家面貌发生新的历史性变化，为全面建成小康社会打下了坚实基础。

全面建设小康社会的新部署

在胜利实现现代化建设"三步走"战略第一步、第二步发展目标的基础上,中国共产党顺应国际国内形势的变化和人民对美好生活的向往,提出和确立了在21世纪头20年的发展目标,即全面建设惠及十几亿人口的更高水平的小康社会。

"六个更加"小康目标

在全国人民生活总体上达到小康水平后,中国共产党对国内社会的主要矛盾和战略机遇有清醒认识。第一,中国正处于并将长期处于社会主义初级阶段,此时达到的小康还是低水平的、不全面的、发展很不平衡的小康,人民日益增长的物质文化需要同落后的社会生产之间的矛盾仍然是社会的主要矛盾。中国生产力和科技、教育还比较落后,实现工业化和现代化还有很长的路要走;城乡二元经济结构还没有改变,地区差距扩大的趋势尚未扭转,贫困人口还为数不少;人口总量继续增加,老龄人口比重上升,就业和社会保障压力增大;生态环境、自然资源和经济社会发展的矛盾日益突出;经济体制和其他方面的管理体制还不完善;民主法制建设和思想道德建设等方面还存在一些不容忽视的问题。巩固和提高已达到的小康水平,还需要进行长时期的艰苦奋斗。第二,21世纪头20年是中国必须紧紧抓住并且可以大有作为的重要战略机遇期。

基于上述分析和判断,中共十六大提出了全面建设小康社会的奋斗目标,即中国要在21世纪头20年,集中力量,全面建设惠及十几亿人口的更高水平的小康社会,使经济更加发展、民主更加健全、科教更加进步、文化更加繁荣、社会更加和谐、人民生活更加殷实。

"五个方面"新要求

在全面建设小康社会迈出坚实步伐的新形势下，2007年10月的中共十七大全面贯彻科学发展观、构建社会主义和谐社会等重大战略思想，主动顺应各族人民过上更好生活的新期待，按照中国特色社会主义事业总体布局，进一步明确了到2020年实现全面建设小康社会奋斗目标的五个方面的新要求：增强发展协调性，努力实现经济又好又快发展，在优化结构、提高效益、降低消耗、保护环境的基础上，实现人均国内生产总值到2020年比2000年翻两番；扩大社会主义民主，更好保障人民权益和社会公平正义；加强文化建设，明显提高全民族文明素质；加快发展社会事业，全面改善人民生活；建设生态文明，基本形成节约能源资源和保护生态环境的产业结构、增长方式、消费模式。

夯实全面建设小康社会基础

2002年至2012年的十年间，全面建设小康社会取得重大进展，经济建设、政治建设、文化建设、社会建设、生态文明建设全面推进。

面对发展机遇和风险挑战，中国着力加快转变经济发展方式和推进统筹协调发展，经济实力大幅提升。2008年下半年国际金融危机爆发，导致世界主要经济体增长明显放缓甚至面临衰退，中国经济依然保持了相当高的增速，成为带动世界经济复苏的重要引擎。2008—2012年全球经济增量接近40%来自中国。根据世界银行资料，中国GDP总量2001年排在美、日、德、英、法之后，居世界第六位，到2010年先后超过法国、英国、德国、日本，跃居世界第二。2008年中国人均GDP超过3000美元，2012年突破6000美元。随着经济实力和国家实力的增强，中国的国际地位显著提高。

中国科技创新成果突出。在纳米技术标准化方面，中国已与世界同步，积极参与并部分主导了国际纳米技术标准的制订工作。中国还在空间遥感、信息安全、海洋装备和碳纤维材料等科研领域取得了一系列重大突破。2000年10月，中国自行研制的第一颗"北斗导航试验卫星"

2003年10月15日,中国酒泉卫星发射中心为执行首次载人航天飞行任务的航天员杨利伟举行出征仪式。

发射成功;2012年,"北斗二号"完成区域组网并正式提供卫星导航服务。2003年10月15日,中国首飞航天员杨利伟出现在浩瀚太空。2007年10月24日,中国第一颗自主研制的月球探测卫星"嫦娥一号"成功发射,实现中国人的登月梦想。

中国社会转型进入加速阶段。2004年起,中共中央、国务院每年出台以解决"三农"问题为内容的"一号文件"。在统筹城乡发展、将农业养育工业转变为工业反哺农业的新的政策体系下,社会主义新农村建设取得重大进展。这个时期也是中国城镇化最快的时期,实现历史性突破,城镇化率过半,由2002年的39.1%提高到2012年的52.6%。

中国政府提供公共服务的能力显著增强,着力改善民生,覆盖城乡居民的社会保障体系基本建立,社会保障水平迈上一个大台阶,居民收入水平、生活质量明显改善。2012年,城镇居民人均可支配收入24565元,扣除价格因素，2003—2012年年均增长9.2%；农村居民人均纯收入7917元，扣除价格因素，2003—2012年年均增长8.1%。2012年，城乡居民家庭恩格尔系数分别为36.2%和39.3%，分别比2002年降低了1.5和6.9个百分点。主要耐用消费品拥有量大幅增长。2012年底，城镇居民家庭平均每百户拥有家用汽车21.5辆，比2002年底增长23.4倍；拥有移动电话212.6部，增长2.4倍；拥有家用电脑87.0台，增长3.2倍。2012年底，农村居民家庭平均每百户拥有电冰箱67.3台，比2002年底增长3.5倍；空调机25.4台，增长10.0倍；移动电话197.8部，增长13.4倍。

2009年11月，在山东省枣庄市山亭区举行的新型农村社会养老保险金首发仪式上，一位老人展示刚领到的《新型农村社会养老保险领取证》和养老金存折。

加入世界贸易组织与"走出去"战略

随着改革开放的推进，中国经济快速发展，中国经济与世界经济的互接、互补性增强。中共中央、国务院从进一步推进改革开放出发，高瞻远瞩，审时度势，作出了加入世界贸易组织的重大战略决策。

加入世界贸易组织艰难历程

1986年7月10日，中国向世界贸易组织的前身——关贸总协定递交复关申请。中国加入世界贸易组织谈判经历了15个春秋，中国代表团换了4任团长，美国换了5位首席谈判代表，欧盟换了4位，是多边贸易体制史上最艰难的一次较量。中国在谈判中据理力争，确保中国以发展中国家地位加入，在市场开放的速度和力度上与中国经济发展水平相一致。谈判涉及关税、非关税措施、农业、知识产权、服务业开放等一系列问题，而农业和服务业又是双方相持不下的难点。

中国的快速发展，是成功加入世界贸易组织的重要原因。1990年至2001年，中国实际利用外资5108亿美元，其中外商直接投资3780亿美元。2001年，中国进出口贸易总额达5098亿美元，比1990年增长3.4倍，在世界贸易中的排名由1990年的第16位上升到第六位。1989年，中国外汇储备仅55.5亿美元，到2001年超过2500亿美元，居世界第二位。20世纪90年代以来，中国加入亚洲及太平洋经济合作组织（APEC），国家领导人多次参加该组织最高领导人会议，阐发中国的主张。2001年10月，中国成功地在上海举办了亚洲及太平洋经济合作组织领导人会议。在这样的情况下，经过艰苦谈判，美欧等发达国家不得不同意"以灵活务实的态度解决中国的发展中国家地位问题"，中国最终与所有世界贸易组织成员就中国加入世界贸易组织后若干年市场开放的领域、时间和程度等达成了协议。

2001年9月17日，加入世界贸易组织中国工作组第18次会议通过了中国加入世界贸易组织议定书及附件和中国工作组报告书，标志着中国加入世界贸易组织的谈判全部结束。2001年11月10日，世界贸易组织142个成员经过表决，一致同意中国加入世界贸易组织。11月11日，在卡塔尔首都多哈，中国签署加入世界贸易组织的议定书。一个月后，中国正式成为世界贸易组织的成员。

顺应世界贸易组织规则的改革

加入世界贸易组织后，中国政府及时履行各项承诺和义务，积极推进改革。在外贸经营管理体制上，放开对外贸易经营权。2004年7月1日开始实施的修订后的《中华人民共和国对外贸易法》规定，不再实行原来的外贸经营权审批制，改为登记制，对外贸易经营者在向国务院对外贸易主管部门或者其委托的机构办理备案登记后，即可从事货物进出口或者技术进出口。据统计，仅在2004年7月1日到9月底该法实施的头三个月内，全国备案登记的外贸经营者就达到18582个，其中内资企业17605个，港澳台投资企业197个，外商投资企业573个，个人207个。对外贸易的经营主体由此走向多元化，外资、民营企业在中国对外贸易总额中所占的比重快速上升。

在中国法律法规和制度环境的完善上，一方面是对原有法律法规进行清理、修改，另一方面是制定和颁布实施新的法律和规章制度。仅加入世界贸易组织第一年，中国就清理了与外经贸业务有关的法律法规2200余件。新法规的出台对于降低外资企业在相关领域的准入门槛、创造公平竞争的市场环境发挥了重要作用。

加快实施中国经济"走出去"战略

加入世界贸易组织后，中国主动应对挑战，紧紧抓住机遇，在建立国际经济新秩序中把握主动权，充分利用世界贸易组织争端解决机制，开始在更大的范围、更广的领域、更高的层次上参与国际经济技术合作。

在对外开放进程中，中国在统筹国内外发展中实施"走出去"战略，从单纯将外商外资"引进来"，向鼓励中国企业"走出去"转变。中共

2009年9月,参加第13届中国国际投资贸易洽谈会的中国企业在"走出去"项目对接会上寻觅商机。

十六大特别提出,"实施'走出去'战略是对外开放新阶段的重大举措",要"鼓励和支持有比较优势的各种所有制企业对外投资,带动商品和劳务出口,形成一批有实力的跨国企业和著名品牌"。以往中国企业"走出去"的方式多是对外劳务合作或对外工程承包,而加入世界贸易组织之后中国企业的对外直接投资获得了蓬勃发展。

中国政府尽可能地为企业境外投资提供信息服务和决策参考。2004年和2005年,商务部先后两次与外交部联合颁布《对外投资国别产业导向目录》,目录涵盖近100个国家,涉及农林牧渔业、采矿业、制造业、服务业等多个产业,明确列出了鼓励国内企业进行境外投资的方向和重点,为国内企业作出更有针对性的决策提供依据。2007年1月,商务部、外交部与国家发展和改革委员会又共同公布了《对外投资国别产业导向目录(三)》。商务部通过多种渠道向国内企业提供境外市场的相关信息。同时,中国政府还采用与有关国家签订双边投资保护协定、避免双重征税规定,为企业境外投资及维护合法权益提供必要的保障。

中国在国际金融危机中赢得了发展机遇。国际金融危机爆发,世界经济整体上不景气,相当一部分经济体经济低迷或经济增速大幅度放缓。在这种情况下,中国企业活力和竞争力增强,对外直接投资逆势上扬,投资方式日趋多元,投资领域不断拓宽。到2012年,中国对外直接投资流量达878亿美元,对外直接投资累计净额达5319.4亿美元,比2007年的对外直接投资存量1179.1亿美元翻了两番还多。截至2012年底,中国1.6万家境内投资者在国(境)外共设立对外直接投资企业近2.2万家,分布在全球179个国家(地区),年末境外企业资产总额超过2.3万亿美元。

抗击"非典"疫情与构建社会主义和谐社会

2002年中共十六大后,胡锦涛等新领导班子成员就任不久,一场对人类具有严重威胁的"非典"疫情突如其来,由广东省而起并急速蔓延。

抗击"非典"疫情

2002年11月16日,广东省佛山市发现第一起后来称为SARS("非典型肺炎",简称"非典")的病例。2003年2月3日至14日广东省发病进入高峰,但病原不清,而且有家庭及医护人员被集体传染的特点。4月16日世界卫生组织在日内瓦宣布找到病毒,并命名为SARS病毒。

"非典"传染性强,很快在国内外蔓延肆虐。4月21日至4月底北京"非典"疫情严峻,最高一天新增病例达150多人。4月底,全国有疫情报告的省份达26个,广东、北京、山西、内蒙古、天津等成为重灾区。截至2003年8月16日,中国内地累计报告"非典"临床诊断

2003年9月,由浙江省温岭市中医院抗击"非典"的勇士们集体编写的《挑战SARS》一书与读者见面。

病例5327例,死亡349例。截至2003年8月7日,全球因"非典"死亡919人,其中中国死亡829人。

"非典"的出现,惊破了人们平静的生活,社会上开始出现恐慌现象,相继发生抢购板蓝根、泡腾片、口罩等相关预防药品及器具的风潮。

面对病死率高、社会危害大的"非典"疫情,新一届中央领导集体团结一致,采取坚决果断措施,组织动员全国人民万众一心、众志成城,依靠科学抗击"非典"疫情。2月11日,胡锦涛对"非典"疫情作出批示:"广东、广西都已发现不明原因的肺炎病例,并影响波及海南,需从疾病防治、药品保障、媒体舆论引导等方面采取综合措施。请国务院协调有关方面妥善处理。"各级政府按照中央的要求和部署,把防治"非典"疫情作为工作的重中之重。4月12日在广东省考察工作的胡锦涛在深圳会见香港特别行政区行政长官董建华,表示中央政府高度重视广大香港同胞的福祉和健康，十分关心香港非典型肺炎的防治工作，全力支持和帮助香港夺取同疫病斗争的胜利。

在抗击"非典"疫情中，中国实施了包括加强领导、疫情报告和公布、防疫治疗等一系列措施。4月20日，中共中央、国务院明确提出要以对人民高度负责的态度，及时发现、报告和公布疫情，决不允许缓报、漏报和瞒报。4月23日北京市通告，对"非典"疫情重点区域采取隔离控制措施。4月24日北京市中小学开始停课两周，对人民医院等实行整体隔离。经过8天的紧急筹建，5月1日，北京市第一家专门治疗"非典"的临时性传染病医院小汤山医院开始接收病人。此时，军队支援北京的医护人员1200余人陆续到位。国务院和地方政府成立防治"非典"指挥部，统一调度人力物力财力，充分发挥城乡基层组织的作用，确保防治工作紧张有序进行，并对农民患者实行免费治疗等措施，严防疫情向农村扩散。

2003年5月开始，"非典"疫情逐步得到控制。5月15日，小汤山"非典"定点医院第一批7名病人痊愈出院。6月8日，北京首次迎来新增"非典"病例零纪录。6月24日，世界卫生组织宣布，北京的非典型肺炎疫情明显缓和，已符合世卫组织有关标准，因此解除对北京的旅行警告，同时将北京从"非典"疫区名单中排除。7月2日，广东最后3名非典型肺炎病人治愈出院，至此广东全省已无"非典"病例。

抗击"非典"疫情启示

抗击"非典"疫情是一场没有硝烟的战争，是对国家应急体制和能力的检验与锤炼。中国积累了宝贵经验，获得了深刻启示，主要有：面对"非典"疫情，中共中央、国务院高度重视、果断决策，地方各级党委和政府认真负责、靠前指挥，充分发挥了中流砥柱作用；实行全民动员、群防群控，紧紧依靠广大人民群众，充分发挥了人民群众的伟大力量；社会各方面团结一致、齐心协力，一方有难、八方支援，形成了共克时艰的强大合力；坚持依靠科学、运用科学，充分发挥科技人员的作用和科学技术的力量，使科学技术成为战胜疫病的有力支撑；坚持依法执政、依法行政，制定和运用有关法律法规，使法律成为战胜疫病的有力保障；广大基层党组织战斗在第一线，广大党员干部冲锋在最前面，成为群众抗击"非典"的主心骨、贴心人；坚持经济建设这个中心不动摇，统筹安排、促进发展，为战胜困难提供了强大的物质基础；全民族万众一心、迎难而上，伟大的民族精神得到锤炼和升华，形成了凝聚人心、克敌制胜的强大精神支柱。

构建社会主义和谐社会

中共十六大以来，中国共产党在经济体制深刻变革、社会结构深刻变动、利益格局深刻调整、思想观念深刻变化的历史背景下，把加强社会建设摆上更加突出的位置，提出了构建社会主义和谐社会的历史任务。2002年11月，中共十六大报告在阐述全面建设小康社会的奋斗目标时，第一次把社会更加和谐作为重要内容之一。2006年10月，中共十六届六中全会专门研究构建社会主义和谐社会问题，审议通过《中共中央关于构建社会主义和谐社会若干重大问题的决定》。这个《决定》是构建社会主义和谐社会的纲领性文件，反映了建设富强民主文明和谐的社会主义现代化国家的内在要求，体现了全党全国各族人民的共同愿望，回答了在新世纪新阶段为什么要构建社会主义和谐社会、构建什么样的社会主义和谐社会、怎样构建社会主义和谐社会的时代课题。

在实际工作中，中国共产党和政府把社会和谐作为中国特色社会主义的本质属性和奋斗目标，既从"大社会"着眼，把和谐社会建设落实到党和国家全部工作之中；又从"小社会"着手，以解决人民群众最关心、最直接、最现实的利益问题为重点，着力发展社会事业、促进社会公平正义、建设和谐文化、完善社会管理、增强社会创造活力，走共同富裕道路，推动社会建设与经济建设、政治建设、文化建设协调发展，努力形成全体人民各尽所能、各得其所而又和谐相处的局面。

中国特色社会主义法律体系建设

中国特色社会主义法律体系建设,从 2003 年九届全国人大任期届满时"初步形成",到 2008 年十届全国人大任期届满时"基本形成",再到十一届全国人大任期内如期形成中国特色社会主义法律体系,中国立法工作实现了大跨越。

科学立法和民主立法

中共十六大以来,中国全面实施依法治国基本方略,向着中共十五大明确提出的到 2010 年形成有中国特色社会主义法律体系的立法工作目标,大力推进中国特色社会主义法律体系建设。2002 年 11 月,中共十六大强调:"加强社会主义法制建设。适应社会主义市场经济发展、社会全面进步和加入世贸组织的新形势,加强立法工作,提高立法质量。"2007 年 10 月,中共十七大强调,要坚持科学立法、民主立法,完善中国特色社会主义法律体系。在中国共产党正确领导下,人民代表大会立法工作稳步推进。

推进法律体系建设

2002 年中共十六大后,中国制定了一批新的法律,及时修改完善了一批法律。2004 年 3 月全国人大二次会议通过的宪法修正案将"国家尊重和保障人权"载入宪法,彰显了中国将尊重和保障人权作为一项基本原则、着力加强人权保障的立法宗旨。为适应全面建设小康社会的要求,构建社会主义和谐社会,在完善经济、政治、文化等领域立法的同时,中国更加重视社会立法,以重大的民生问题和群众反映强烈的问题为重点,制定了社会保险法、食品安全法、劳动合同法、就业促进法、劳动争议调解仲裁法等,社会领域立法的整体性、系统性、关联性和前

2011年10月27日,国务院新闻办公室发表《中国特色社会主义法律体系》白皮书,并举行新闻发布会。

瞻性显著增强。物权法、劳动合同法、村民委员会组织法、老年人权益保障法等同人民群众关系密切的法律草案或修订草案一次次向全社会公布,广泛征求意见。随着民主法制建设的不断推进,开门立法、民主立法,逐步完善立法程序,推动立法工作日趋科学化和民主化,群众声音越来越为立法机关重视并吸纳。

  2010年底,中国已制定现行有效法律236件、行政法规690多件、地方性法规8600多件,并全面完成了对现行法律和行政法规、地方性法规的集中清理工作。至此,涵盖社会关系各个方面的法律部门已经齐全,各法律部门中基本的、主要的法律已经制定,相应的行政法规和地方性法规比较完备,法律体系内部总体做到科学和谐统一。一个立足中国国情和实际、适应改革开放和社会主义现代化建设需要、集中体现党和人民意志,以宪法为统帅,以宪法相关法、民法、商法、行政法、经济法、社会法、刑法、诉讼与非诉讼程序法等多个法律部门的法律为主干，由法律、行政法规、地方性法规三个层次的法律规范构成的中国特色社会主义法律体系已经形成，国家经济建设、政治建设、文化建设、社会建设、生态文明建设等各个方面实现有法可依。

成功走出一条中国特色立法之路

改革开放以来，在中国共产党的领导下，中国成功走出了一条中国特色的立法路子，仅仅用几十年时间就形成了中国特色社会主义法律体系，积累了弥足珍贵的经验。其中，最重要的经验有五条。一是坚持中国共产党的领导。这是人民当家做主和依法治国的根本保证，也是加强民主法制建设、做好立法工作的根本保证。二是坚持以中国特色社会主义理论体系为指导。这是加强民主法制建设、做好立法工作的根本前提。三是坚持从中国国情和实际出发。这是加强民主法制建设、做好立法工作的客观要求。四是坚持以人为本、立法为民。这是加强民主法制建设、做好立法工作的根本目的。五是坚持社会主义法制统一。这是加强民主法制建设、做好立法工作的内在要求。

加快社会主义文化大发展大繁荣

中共从2002年十六大到2012年十八大的十年间，在人民群众生活总体上达到小康水平，开始全面建设小康社会的历史新阶段，进一步提升和发挥文化建设在中国特色社会主义事业总体布局中的战略地位和作用，以加快文化体制改革为动力，推动社会主义文化建设大发展大繁荣。

明确建设社会主义文化强国的战略目标

中共十六大报告指出:"当今世界,文化与经济和政治相互交融,在综合国力竞争中的地位和作用越来越突出,文化的力量,深深熔铸在民族的生命力、创造力和凝聚力之中。"五年后,中共十七大报告从中国特色社会主义总体布局的高度,强调文化建设的重要战略地位,提出兴起社会主义文化建设新高潮、提高国家文化软实力、推动文化大发展大繁荣的新要求。2010年4月,中共中央办公厅、国务院办公厅转发了《中央宣传部关于中共十六大以来文化体制改革及文化事业文化产业发展情况和下一步工作意见》,第一次提出"努力探索中国特色社会主义文化发展道路"。2011年10月,中共十七届六中全会通过的《中共中央关于深化文化体制改革推动社会主义文化大发展大繁荣若干重大问题的决定》,是新中国历史上第一个由中共中央全会审议通过的关于文化改革发展的决定,首次提出了建设社会主义文化强国的战略目标,阐述了中国特色社会主义文化发展道路,为文化改革发展指明了方向。这一系列重大战略决策的提出和实施,促进了社会主义文化的繁荣发展和文化软实力的提升。

推进文化体制改革

这一时期文化体制改革的重点是理顺政府和文化企事业单位的关系,推动政府文化行政管理职能的转变,即从微观管理为主转向宏观管理为主,从直接管理为主转向间接管理为主,从"办文化"为主转变为"管文化"为主。文化体制改革最根本的突破是观念的突破,最显著的变化是文化活力和创造能力的充分释放。到中共十八大前,中共中央确定的文化体制改革阶段性任务基本完成。一是文化行政管理部门职能转变逐步到位。大部分试点地区完成了新闻出版和广电系统的"局社分开""局台分开",文化行政管理部门职责更加明确。二是重塑一大批合格的文化市场主体。中国基本完成了出版、影视制作、发行、广电传输和一般国有文艺院团、首批非时政类报刊出版单位等国有经营性文化单位转为企业的改革。全国共注销经营性文化事业单位法人近7000家,核销事

2012年10月11日，山东省博兴县博昌街道乐安社区几名农妇组成的业余舞蹈队，在社区文体活动室舞起了扇子，扭起了秧歌。

业编制近 30 万个。同时，做大做强了一批骨干文化企业，推动文化与科技、商贸、旅游、金融等深度融合。据统计，2005—2012 年，文化产业法人单位增加值年均增长 23%，高于同期 GDP 年均增速。三是公共文化服务体系初步建立。为了履行国家支持和保障文化公益事业的主体责任，将发展公益性文化事业落到实处，2005 年 10 月，中共十六届五中全会第一次提出"加大政府对文化事业的投入，逐步形成覆盖全社会的比较完备的公共文化服务体系"，将公共文化服务体系建设列入了国家科学发展的大局。十年间，公共文化服务体系建设取得历史性成就，覆盖城乡的公共文化设施网络基本形成，基层公共文化服务基础设施得到明显改善。据统计，2002 年至 2012 年，全国竣工 3.5 万个公共文化设施项目，其中县及县以下占 99%。从 2004 年开始，全国各级各类国有博物馆、纪念馆、美术馆、有条件的爱国主义教育基地等公共文化设施逐步实行免费或者优惠开放制度。根据广大农村地区不同地形地貌，各地利用卫星、无线、有线等多种手段，有重点、分步骤地消除农村广播电视覆盖盲区。通过改革，文化建设开创了新局面，文化领域整体面貌和发展格局焕然一新，初步走出了一条中国特色社会主义文化发展道路。

加大文物和非物质文化遗产保护力度

这一时期，国家文物保护体系逐步健全，非物质文化遗产保护体系初步形成，少数民族文化事业繁荣发展，加强了同港澳台共同弘扬中华优秀传统文化的交流与合作。2009年7月，《国务院关于进一步繁荣发展少数民族文化事业的若干意见》出台，这是新中国成立以来关于少数民族文化工作的第一份国务院专门文件。热贡文化、羌族文化、武陵

2006年5月21日，新疆吐鲁番鄯善县葡萄架下，50余名民间艺人演绎了一场精彩的麦西来甫歌舞。此次活动是新疆维吾尔自治区文化厅等单位联合对维吾尔民间艺术麦西来甫采集和申报联合国非物质文化遗产活动的组成部分。

山区（湘西）土家族苗族文化、迪庆民族文化、大理文化等五个少数民族文化生态保护实验区先后获准成立。汶川特大地震发生后，国家及时采取措施，对羌族文化进行了抢救性保护。传统民族民间音乐、舞蹈、戏剧作品得到抢救和保护。中共十七届六中全会《中共中央关于深化文化体制改革推动社会主义文化大发展大繁荣若干重大问题的决定》专门阐述"建设优秀传统文化传承体系"，强调"要全面认识祖国传统文化，取其精华、去其糟粕，古为今用、推陈出新，坚持保护利用、普及弘扬并重，加强对优秀传统文化思想价值的挖掘和阐发，维护民族文化基本元素，使优秀传统文化成为新时代鼓舞人民前进的精神力量"；还明确将"加强同香港、澳门的文化合作，加强同台湾的各种形式文化交流，共同弘扬中华优秀传统文化"作为建设优秀传统文化传承体系的重要内容。这一时期，以"艺海流金""香江明月夜""两岸文化论坛""海峡两岸文化创意产业展"等为代表的一系列对港澳台文化交流活动获得热烈反响。共同弘扬中华优秀传统文化成为凝聚海峡两岸暨内地与香港、澳门的一条重要的情感纽带。

推进文化产业发展

中共十六大明确将文化分为文化事业和文化产业，并确定了分类发展的格局。文化产业从主体确认上升为国家战略性产业，并向国民经济支柱性产业快步迈进。文化产业在全国GDP中的份额，从2004年的2.15%增长到2012年的3.48%。随着国家对文化创作经费投入的加大，以及文化市场需求的不断增长，中国文学、影视、戏剧、戏曲等各种文艺类型繁荣发展、精品迭出。此外，这一时期网络剧、微电影等新兴艺术业态也快速发展起来。

加强对外文化交流

中共十七大强调，要"加强对外文化交流，吸收各国优秀文明成果，增强中华文化国际影响力"。中共十七届六中全会专门提出"推动中华文化走向世界"。十年间，中国开展多渠道多形式多层次对外文化交流

2008年8月8日晚,北京奥运会在"鸟巢"隆重开幕。

与合作,着力优化中华文化"走出去"的布局,如在海外举办综合性大型文化展示项目、在全球范围内建立孔子学院、推进海外中国文化中心建设、布局海外新闻传播体系。十年间,对外文化贸易实现较快增长,2012年中国出口文化产品217.3亿美元,比2004年增长近一倍。

2008年8月8日至24日,第29届奥运会在北京隆重举行。204个国家和地区奥委会派出了代表团,6万多名运动员、教练员和官员参加这届奥运会,80多位外国政要出席开幕式,全球45亿观众见证了这次盛会。在北京奥运会的赛场上,中国体育健儿创造了一个又一个辉煌战绩,共获得51枚金牌、21枚银牌、28枚铜牌,获金牌总数超越美国位列金牌榜第一，获奖牌数超越俄罗斯位列奖牌榜第二，中国竞技体育跃居世界先列。

2010年5月1日至10月31日，第41届世界博览会在中国上海成功举行，历时184天，参与国家和国际组织达到246个，其中国家190个，国际组织56个。参观人数超过7000万人，创下了世界博览会之最。

第十章

全面建成小康社会与民族复兴新征程

　　2012年中共十八大以来，面对世界经济复苏乏力、局部冲突和动荡频发、全球性问题加剧的外部环境，面对中国经济发展进入新常态等一系列深刻变化，中共中央从实现"两个一百年"奋斗目标、实现中华民族伟大复兴的中国梦的战略高度出发，坚持稳中求进工作总基调，迎难而上，开拓进取，统筹推进"五位一体"总体布局、协调推进"四个全面"战略布局，各项事业全面开创新局面，取得了改革开放和社会主义现代化建设的历史性成就，解决了许多长期想解决而没有解决的难题，办成了许多过去想办而没有办成的大事，推动党和国家事业发生历史性变革。

全面建成小康社会的新要求

中共十八大清醒地分析了前进道路上面临的困难和问题，主要是：发展中不平衡、不协调、不可持续问题依然突出，科技创新能力不强，产业结构不合理，农业基础依然薄弱，资源环境约束加剧，制约科学发展的体制机制障碍较多，深化改革开放和转变经济发展方式任务艰巨；城乡区域发展差距和居民收入分配差距依然较大；社会矛盾明显增多，教育、就业、社会保障、医疗、住房、生态环境、食品药品安全、安全生产、社会治安、执法司法等关系群众切身利益的问题较多，部分群众生活比较困难；一些领域存在道德失范、诚信缺失现象；一些干部领导科学发展能力不强，一些基层党组织软弱涣散，少数党员干部理想信念动摇、宗旨意识淡薄，形式主义、官僚主义问题突出，奢侈浪费现象严重；一些领域消极腐败现象易发多发，反腐败斗争形势依然严峻。

大会强调，对这些困难和问题，必须高度重视，进一步认真加以解决。

提出"全面建成小康社会"

中共十八大将十六大提出的全面建设小康社会，改为全面建成小康社会。这一字之差，体现了在新的更高的起点上，全面建成小康社会的信心和决心。在中共十六大、十七大确立的全面建设小康社会目标的基础上，十八大还根据中国发展仍处于可以大有作为的重要战略机遇期的重大判断和中国经济社会发展实际，提出了全面建成小康社会的五项新要求：经济持续健康发展，人民民主不断扩大，文化软实力显著增强，人民生活水平全面提高，资源节约型、环境友好型社会建设取得重大进展。其中，首次提出城乡居民人均收入2020年比2010年翻一番。

中共十八大还提出，全面建成小康社会，必须以更大的政治勇气和智慧，不失时机深化重要领域改革，坚决破除一切妨碍科学发展的思想

观众在中国国家博物馆参观《复兴之路》展览。

观念和体制机制弊端，构建系统完备、科学规范、运行有效的制度体系，使各方面制度更加成熟更加定型。大会指出，如期全面建成小康社会任务十分艰巨，全党同志一定要埋头苦干、顽强拼搏。国家要加大对农村和中西部地区扶持力度，支持这些地区加快改革开放、增强发展能力、改善人民生活；鼓励有条件的地方在现代化建设中继续走在前列，为全国改革发展作出更大贡献。

中国梦的提出和内涵

2012年11月29日上午，习近平率领新一届中央政治局常委集体参观《复兴之路》展览，首次提出了实现中华民族伟大复兴的中国梦。习近平说："我以为，实现中华民族伟大复兴，就是中华民族近代以来最伟大的梦想。这个梦想，凝聚了几代中国人的夙愿，体现了中华民族和中国人民的整体利益，是每一个中华儿女的共同期盼。"实现中华民族伟大复兴的中国梦，就是要实现国家富强、民族振兴、人民幸福。中国梦把国家目标、民族向往、人民期盼融为一体，既凝聚了中华民族和中国人民的整体利益，又表达了每个中华儿女的共同愿景，成为激励全国各族人民团结奋进的高亢旋律。

"四个全面"战略布局形成

2014年12月，习近平在江苏考察调研时提出，"协调推进全面建成小康社会、全面深化改革、全面推进依法治国、全面从严治党，推动改革开放和社会主义现代化建设迈上新台阶。"2015年2月，习近平系统概括和阐述了"四个全面"战略布局。协调推进"四个全面"战略布局，是在全面总结改革开放以来经验的基础上，基于治国理政整体性、系统性、协调性进行的总体谋划、顶层设计，从战略目标与战略举措、各战略举措之间的有机协调统一上，勾画出治国理政的新思路和新方略。

把全面建成小康社会作为"四个全面"战略布局的战略目标，与其他战略举措一起协调推进，环环相扣、相辅相成，构成了不可分割和不可偏颇的有机整体，为全面建成小康社会战略目标赋予更丰富的内涵，适应了全面建成小康社会必须解决更复杂难题的要求，引领着改革发展的方向。

全面深化改革的重大部署

中共十八大以来，党中央蹄疾步稳推进全面深化改革，坚决破除各方面体制机制弊端。改革全面发力、多点突破、纵深推进，着力增强改革的系统性、整体性、协同性，压茬拓展改革广度和深度。

全面深化改革总目标

中共十八大进一步提出"全面深化改革开放"的目标要求。2013年11月,中共十八届三中全会通过《中共中央关于全面深化改革若干重大问题的决定》,将全面深化改革的总目标确立为"完善和发展中国特色社会主义制度,推进国家治理体系和治理能力现代化"。这两句话组成一个整体,前一句规定了中国特色社会主义道路这一根本方向,后一句规定了在根本方向指引下完善和发展中国特色社会主义制度的鲜明指向。《决定》围绕全面深化改革的总目标,启动了共60条300多项改革举措,涉及的范围之广、力度之大均前所未有。中共十八届三中全会是中国改革"再出发"的一次总宣示、总部署、总动员。全面深化改革有以下显著特征。第一,从改革目标看,全面深化改革的总目标是完善和发展中国特色社会主义制度,推进国家治理体系和治理能力现代化。第二,从改革领域看,与以往以经济改革为主不同,包括经济、政治、文化、社会、生态文明、国防和军队、党的建设等各个方面。第三,从改革的利益关系调整看,已触及深层次的利益调整。现今不仅有渐进式改革留下的深水区,还有改革发展后出现的新问题,使得改革不同于以往低收入阶段以促进经济发展和财富增加为中心任务,而是要通过改革,实现创新、协调、绿色、开放、共享发展。习近平说,"容易的、皆大欢喜的改革已经完成了,好吃的肉都吃掉了,剩下的都是难啃的硬骨头。"这些问题解决不好,经济社会发展就缺乏动力。

改革已进入深水区和攻坚克难的阶段,如果没有自上而下的推动,就越来越难。2013年12月30日,中共中央政治局召开会议,决定成立由习近平任组长,李克强、刘云山、张高丽任副组长的中央全面深化改革领导小组。党和国家最高领导人亲自挂帅,引发海内外高度关注。以中共十八届三中全会和中央深化改革领导小组成立为标志,中国全面深化改革的恢弘巨幕,壮丽开启。

全面深化改革取得重大突破

把全面深化改革作为协调推进"四个全面"战略布局的重大战略举

2014年,在"加快简政放权、提升行政效能"的过程中,山东青岛机场边检站创新推行边检"清单式"服务模式,为旅客提高通关效率。

措,适应了突破渐进改革所留下的深水区和破解改革发展后遇到新问题的要求,为实现全面建成小康社会的战略目标提供了强大动力。

改革由问题倒逼而产生,又在不断解决问题中深化。中国的全面深化改革,是一场以问题为导向,统筹推进、重点突破的持久战。在全面深化改革的推动下,中国共产党带领中国人民,用深入思考和丰富实践,回答新一轮改革"全面"和"深化"这四个字的深刻内涵。

在推动全面深化改革的伟大实践中,习近平主持召开了36次中央全面深化改革领导小组会议,共审议通过重点改革文件340多个。2014年,中央全面深化改革领导小组确定的80个重点改革任务基本完成,各方面共出台370个改革方案。2015年,中央全面深化改革领导小组确定的101个重点改革任务基本完成,各方面共出台415个改革方案。2016年,中央全面深化改革领导小组确定的97个重点改革任务基本完成,各方面共出台419个改革方案。2017年上半年,中央全面深化改革领导小组审议60多个重点改革文件。

全面深化改革，已成为当今中国最鲜明的时代特征。中共十八大以来，全面深化改革取得重大突破，推出1500多项改革举措，重要领域和关键环节改革取得突破性进展，主要领域改革主体框架基本确立。中国特色社会主义制度更加完善，国家治理体系和治理能力现代化水平明显提高，全社会发展活力和创新活力明显增强。

全面推进依法治国的新进展

中共十八大以来，党中央坚定不移全面推进依法治国，党的领导、人民当家做主、依法治国有机统一的制度建设全面加强，显著增强了运用法律手段领导和治理国家的能力。

作出全面依法治国的决定

2014年10月，中共十八届四中全会专题研究全面依法治国重大问题，作出《中共中央关于全面推进依法治国若干重大问题的决定》，明确了建设中国特色社会主义法治体系、建设社会主义法治国家的总目标和总蓝图、路线图、施工图。这是中国共产党的历史上第一次专题研究和专门部署依法治国的中央全会，在中国法治史上具有里程碑意义。把全面依法治国纳入"四个全面"战略布局加以协调推进，适应了改革进入攻坚阶段和深水区的新要求，为推进国家治理体系和治理能力现代化提供了重要保障，标志着中国特色社会主义法治理论和实践达到了新的高度。

2017年12月4日,四川省内江市东兴区和平广场,书法家正在为群众现场创作"法治书法"作品。

依法治国全面升级

中共十八大以来,全面依法治国在各领域各环节取得重要进展。科学立法、严格执法、公正司法、全民守法深入推进,法治国家、法治政府、法治社会建设相互促进,中国特色社会主义法治体系日益完善,全社会法治观念明显增强。国家监察体制改革试点取得实效,行政体制改革、司法体制改革、权力运行制约和监督体系建设有效实施。全面依法治国在新的起点上创造了新的成就,法治中国建设实现了历史性发展。

中国特色社会主义法治体系建设实现新跨越。截至2017年6月底,十二届全国人大及其常委会新制定法律20件,通过修改法律的决定39件、涉及修改法律100件。国务院共提请全国人大常委会审议法律议案43件,制定修订行政法规43部,启动了民法典编纂,颁布了民法总则,中国特色社会主义法律体系日益完备。中共中央出台或修订近80部党内法规,超过现有党内法规的40%,党内法规体系日趋完善,约束"关键少数"标准更严,广大党员、干部将法治内化于心、外践于行。高效的法治实施体系、严密的法治监督体系、有力的法治保障体系建设获得显著成效，对全面依法治国发挥了重大推动作用。

2015年，中共中央、国务院印发《法治政府建设实施纲要（2015—2020年）》，确立了到2020年基本建成法治政府的奋斗目标和行动纲领；"放管服"改革持续推进，国务院先后取消、下放行政审批事项618项，彻底终结了非行政许可审批，极大地激发了市场和社会活力；清单管理全面实行，31个省级政府公布了省市县三级政府部门权力和责任清单；政府法律顾问制度普遍建立，行政决策科学化、民主化、法治化水平进一步提高；"双随机、一公开"全面推行，事中事后监管不断加强；行政执法体制改革深入推进，严格规范公正文明执法水平明显提升；法治政府建设考核评价制度正在建立，督促检查力度显著加强。推进依法行政进入"快车道"，法治政府建设展现出"加速度"态势。

推行新一轮司法体制改革

新一轮司法体制改革大潮涌起，改革主体框架基本确立。针对"审者不判、判者不审"的顽疾，司法责任制改革对症下药、全面推开，以审判为中心的刑事诉讼制度改革深入推进，省以下地方法院、检察院人财物统一管理逐步推行，干预司法记录、通报和责任追究制度制定实施，知识产权法院、最高人民法院巡回法庭、跨行政区划法院检察院设立，实行立案登记制，废止劳教制度，一批重大冤假错案得到坚决纠正，司法职权配置优化，执法司法规范化建设进一步加强。2015年2月，中央全面深化改革领导小组第十次会议通过《关于领导干部干预司法活动、插手具体案件处理的记录、通报和责任追究规定》，成为防止以权力干预司法的"高压线"和保障法官、检察官独立运行司法权力的"防火墙"。全国司法系统大力推进审判公开、检务公开、警务公开、狱务公开。截至2017年2月，中国裁判文书网访问量突破62亿人次，成为全球最大的裁判文书网。司法质量、效率和公信力大幅提升，人民群众对公平正义的获得感明显增强。五年来，司法机关筑牢防范冤假错案的防线，依法纠正重大冤假错案34件。全国法院实行立案登记制以来，当场登记立案率超过95%。2016年，全国法院一审服判息诉率创纪录地达到了

2016年12月6日,重庆市云阳县检察院公开审查了涉嫌手机转账诈骗一案,保障了当事人的合法权利。

89.2%。司法改革以来,最高人民法院、最高人民检察院工作报告在全国人大会议上赞成率攀升,2017年同时获得了91.83%的赞成率,双双创下了历史新高。人民代表的庄严表决,反映出人民对司法公正的感受。

加大全民普法力度

全民普法工作提挡加速,"六五"普法取得系列成果。国家宪法日设立,宪法宣誓制度普遍实施。国家更加重视社会矛盾纠纷的调解化解,多元化纠纷解决体系日益健全。2016年6月,中央全面深化改革领导小组第25次会议审议通过《关于加快推进失信被执行人信用监督、警示和惩戒机制建设的意见》,完善守法诚信褒奖机制和违法失信行为惩戒机制,社会诚信建设显著加强。截至2016年底,全国累计公布失信被执行人589万例,违法失信人员纷纷主动履行义务,"执行难"得到了有效缓解。领导干部带头尊法学法守法用法,运用法治思维和法治方式的能力和水平明显提高。社会主义法治权威逐步树立,尊法守法成为全体人民的共同追求和自觉行动。

全面从严治党与反腐败斗争

中共十八大以来，以习近平同志为核心的党中央坚持党要管党、从严治党，把全面从严治党纳入"四个全面"战略布局，全面加强党的领导和党的建设，坚决维护党中央权威和集中统一领导，坚决改变管党治党宽松软状况，坚决惩治腐败现象，全面从严治党成效卓著。

落实中央八项规定

2012年12月4日，中共中央政治局召开会议，审议通过了中央政治局关于改进工作作风、密切联系群众的八项规定。会议强调，改进工作作风、密切联系群众，首先要从中央政治局做起，要求别人做到的自己先要做到，要求别人不做的自己坚决不做，以良好的党风带动政风民风，真正赢得群众信任和拥护。中央政治局以身作则、率先垂范，带动了全党严格落实中央八项规定精神，党内的形式主义、官僚主义、享乐主义和奢靡之风得到明显扭转。截至2017年8月底，各级纪检监察机关共查处违反中央八项规定精神问题18.9万起，处理党员干部25.6万人，给予党纪政纪处分13.6万人，其中包括20名省部级干部。

2017年10月27日，十九届中央政治局召开第一次会议，审议了《中共中央政治局贯彻落实中央八项规定的实施细则》，体现了中央政治局持之以恒正风肃纪的坚强决心和坚持以上率下的实际行动。

把权力关进制度的笼子

管好"关键少数"

  2014年1月中共中央印发《党政领导干部选拔任用工作条例》，对"裸官"作出了更明确的界定。《条例》规定，配偶已移居国（境）外，或者没有配偶，子女均已移居国（境）外的，不得列为提拔考察对象。此后三年，全国共排查出副处级以上配偶或子女移居人员5000多人，其中对1300多人进行了岗位调整。2015年7月，中共中央办公厅印发了《推进领导干部能上能下若干规定（试行）》，集中规范了干部"下"的六种渠道，特别是对不适宜担任现职干部的十种情形作了清晰的规定。中共十八大起至2016年底，全国执行《推进领导干部能上能下若干规定(试行)》，调整干部60845人，其中中管干部94人，厅局级干部1477人，县处级干部15656人，乡科级干部43648人。《领导干部报告个人有关事项规定》和《领导干部个人有关事项报告查核结果处理办法》相继出台，对五类漏报的行为和十类隐瞒不报行为，作出了更为明确细致的规定。中央加强抽查核实，对不如实报告或者存在其他问题的予以严肃处理。

十八大以来，贯彻新时期好干部标准，选人用人状况和风气明显好转。

坚定理想信念

2014年10月，习近平提出了"坚持思想建党和制度治党紧密结合"的重大课题。中共十八大以来，抓思想从严，坚持用马克思主义中国化最新成果武装头脑、凝心聚魂，用理想信念和党性教育固本培元、补钙壮骨，着力教育引导全党坚定理想、坚定信念，增强中国特色社会主义道路自信、理论自信、制度自信、文化自信；坚持照镜子、正衣冠、洗洗澡、治治病的要求，开展党的群众路线教育实践活动和"三严三实"专题教育，推进"两学一做"学习教育常态化制度化，全党理想信念更加坚定、党性更加坚强。

严明党的政治纪律和政治规矩

十八大以来，中共中央推动全党尊崇党章，增强政治意识、大局意识、核心意识、看齐意识，坚决维护党中央权威和集中统一领导，从严明党的政治纪律和政治规矩入手，层层落实管党治党政治责任。

2015年8月，中共中央发布《中国共产党巡视工作条例》，2017年7月再次进行修订发布。中共中央、中央纪委充分发挥巡视监督的利剑作用，实现中央和省级党委巡视全覆盖，不断创新巡视监督方式，进一步强化巡视的震慑作用和监督效果。为更好发挥党内法规、纪律、规矩的约束和惩戒作用，中共中央制定或修订并颁布施行《中国共产党廉洁自律准则》《中国共产党纪律处分条例》《中国共产党问责条例》，传递出全面从严治党的强烈信号。

2016年10月，中共十八届六中全会对全面从严治党进行新部署，审议通过了《关于新形势下党内政治生活的若干准则》和《中国共产党党内监督条例》，为进一步推进党内政治生活和党内监督制度化、规范化、程序化提供了基本遵循。

新华书店内有关廉政反腐的图书

反腐败斗争形成压倒性态势

中共自十八大以来,以猛药去疴、重典治乱的决心和刮骨疗毒、壮士断腕的勇气,坚持反腐败无禁区、全覆盖、零容忍,坚定不移"打虎""拍蝇""猎狐",清除了周永康、薄熙来、郭伯雄、徐才厚、孙政才、令计划等腐败分子。经中共中央批准立案审查的省军级以上党员干部及其他中管干部440人,全国纪检监察机关共处分村党支部书记、村委会主任27.8万人。这场反腐浪潮,不但在960多万平方公里的土地上摧枯拉朽,而且把肃贪追逃的大网撒向全球。在中央反腐败协调小组的统筹协调下,截至2017年底,"百名红通人员"已有40多人到案。反腐败国际追逃追赃工作,成为全面从严治党和反腐败斗争的重要一环。从十八届中央纪委六次全会上提出"反腐败斗争压倒性态势正在形成",到七次全会上提出"压倒性态势已经形成",再到中共十九大报告提出"反腐败斗争压倒性态势已经形成并巩固发展",一词之变,折射出全面从严治党的重大成效。

中共十八大以来的反腐惩恶，消除了党和国家内部的严重隐患，不敢腐的目标初步实现，不能腐的笼子越扎越牢，不想腐的堤坝正在构筑，党内政治生活气象更新，党内政治生态明显好转，为党和国家事业发展提供了坚强政治保证。

经济新常态和新发展理念

中共十八大以来，以习近平同志为核心的党中央带领中国人民，以前所未有的勇气和决心，坚定不移贯彻新发展理念，转变经济发展方式，推进供给侧结构性改革，开启了一场中国经济发展方式向更高形态演进的结构之变，推动中国发展不断朝着更高质量、更有效率、更加公平、更可持续的方向前进，发展质量和效益不断提升。

中国经济发展进入新常态

1979—2012年，中国经济实现了年均9.8%的快速增长，这无论与中国历史作纵向比较，还是在全球范围作横向比较，都是一个奇迹。在巨大成就面前，如何冷静地准确把握经济发展态势，是摆在新一届中央领导集体面前的重大课题。在成为世界第二大经济体后，高速增长的紧迫性已减弱，而实现有效益有质量可持续的经济发展，才能实现全面建成小康社会和中国梦的战略目标。

中共十八大以来，习近平作出经济发展新常态的论断，科学地回答了这个问题。在2013年中央经济工作会议上，习近平使用了"新常态"这一概念。由此，中国经济有了全新历史坐标。2014年5月，习近平

2014年11月9日上午,习近平在北京出席APEC工商领导人峰会并作主旨演讲。

在考察河南时指出,中国发展仍处于重要战略机遇期,我们要增强信心,从当前中国经济发展的阶段性特征出发,适应新常态,保持战略上的平常心态在此次考察的新闻报道中,"新常态"一词第一次出现在公众视野里。

习近平在2014年7月29日的党外人士座谈会、11月9日的APEC工商领导人峰会、12月9日的中央经济工作会议上,就中国经济发展的阶段特征和如何认识新常态、适应新常态、引导新常态等作出系统论述,使经济发展新常态论断的内涵日益清晰。习近平在中央经济工作会议上指出,中国经济发展进入新常态后,增长速度正从10%左右的高速增长转向7%左右的中高速增长,经济发展方式正从规模速度型粗放增长转向质量效率型集约增长,经济结构正从增量扩能为主转向调整存量、做优增量并举的深度调整,经济发展动力正从传统增长点转向新的增长点。这就从速度、方式、结构、动力四个方面,明确了经济发展新常态的基本内涵。

习近平在APEC工商领导人峰会上的主旨演讲中指出,新常态将给中国带来新的发展机遇。第一，中国经济增速虽然放缓，实际增量依然可观。第二，中国经济增长更趋平稳，增长动力更为多元。第三，中国经济结构优化升级，发展前景更加稳定。第四，中国政府大力简政放权，市场活力进一步释放。

2015年11月，习近平在中央财经领导小组第十一次会议上首次提出"着力加强供给侧结构性改革"。供给侧结构性改革是习近平继经济发展新常态之后作出的又一重大理论创新，回应了适应、引领经济发展新常态，应该干什么的问题。围绕供给侧结构性改革这条主线，中央继而开出了一剂标本兼治的药方：去产能，去杠杆，去库存，降成本，补短板。2016年，中国化解煤炭产能超过2.9亿吨，压减粗钢产能超过6500万吨。2017年，供给侧结构性改革的发力点进一步拓展到发展农业、振兴实体经济、促进房地产平稳健康发展等多个领域。随着供给侧结构性改革的深入推进，经济结构不断优化，数字经济等新兴产业蓬勃发展，高铁、公路、桥梁、港口、机场等基础设施建设快速推进。农业现代化稳步推进，粮食生产能力达到1.2万亿斤。城镇化率年均提高1.2个百分点，8000多万农业转移人口成为城镇居民。区域发展协调性增强，"一带一路"建设、京津冀协同发展、长江经济带发展成效显著。创新驱动发展战略，成果丰硕，天宫、蛟龙、天眼、悟空、墨子、大飞机等重大科技成果相继问世。中国经济以壮士断腕的决绝，向旧的发展方式告别。

贯彻新发展理念

2015年10月，中共十八届五中全会鲜明提出创新、协调、绿色、开放、共享的发展理念。以人民为中心是新发展理念的核心和灵魂，体现了中国共产党全心全意为人民服务的根本宗旨和领导发展的根本目的。新发展理念是改革开放以来中国发展经验的集中体现，是在深刻分析国内外发展大势的基础上形成的，反映出中国共产党对中国发展规律的新认识。新发展理念成为"十三五"乃至更长时期中国发展思路、发展方向、发展着力点的集中体现。牢固树立和贯彻落实新发展理念，为经济社会平稳健康发展提供了强大动力：创新发展热潮涌动，动能转换实现新突破；协调发展扎实推进，结构调整转型升级呈现新格局；绿色发展深入人心，

四川科技馆内景

西藏经济建设、乡村建设日新月异。图为川藏公路迫龙沟特大桥。

河南省永城市太丘镇政府组织农民学习玉米皮编织技术,脱贫致富。

浙江武义江畔新建的生态湿地公园

生态文明建设迈出新步伐；开放发展全面升级，国际竞争构建新优势；共享发展惠及全民，民生改善实现新跨越。

2013—2017年五年间，中国经济建设取得重大成就，国内生产总值从54万亿元增长到80万亿元。在国际经济深度调整、国内改革发展稳定任务艰巨的背景下，中国成为世界经济增长的动力之源、稳定之锚，为世界经济艰难复苏作出了重大贡献。中国经济保持中高速增长，2013—2016年国内生产总值年均增长7.2%，高于同期世界2.5%和发展中经济体4%的平均增长水平；对世界经济增长的年均贡献率达到31.6%，超过美国、欧元区和日本贡献率的总和。

深入贯彻以人民为中心的发展思想，一大批惠民举措落地实施，人民获得感显著增强，人民生活不断改善。居民收入保持较快增长，2016年全国居民人均可支配收入23821元，比2012年增加7311元，年均实际增长7.4%，比同期国内生产总值年均增长率高出0.2个百分点。中等收入群体持续扩大，发展成果更多惠及广大人民。教育事业全面发展，中西部和农村教育明显加强。就业状况持续改善，城镇新增就业年均1300万人以上。覆盖城乡居民的社会保障体系基本建立，人民健康和医疗卫生水平大幅提高，保障性住房建设稳步推进。社会治理体系更加完善，社会大局保持稳定，国家安全全面加强。

中国生态文明建设成效显著。全党全国贯彻绿色发展理念的自觉性和主动性显著增强。生态文明制度体系加快形成，主体功能区制度逐步健全，国家公园体制试点积极推进。全面节约资源有效推进，能源资源消耗强度大幅下降。重大生态保护和修复工程进展顺利，森林覆盖率持续提高。生态环境治理明显加强，环境状况得到改善。中国成为全球生态文明建设的重要参与者、贡献者、引领者。

中国特色社会主义的新时代和新征程

2017年10月，中国共产党第十九次全国代表大会在北京举行。习近平代表第十八届中央委员会向大会作报告，全面总结过去五年的工作和历史性变革，作出"中国特色社会主义进入了新时代"的重大判断，深刻阐述新时代中国特色社会主义思想和基本方略，系统描绘国家未来发展的大政方针和行动纲领，开启了全面建设社会主义现代化国家的新征程。

10月25日，中共十九届一中全会选举习近平为中共中央总书记、中央军委主席。

中国特色社会主义进入新时代

经过改革开放以来的长期努力，中国共产党团结带领全国各族人

中国共产党第十九次全国代表大会现场

民不懈奋斗，推动国家经济实力、科技实力、国防实力、综合国力进入世界前列，推动中国国际地位实现前所未有的提升，中国共产党的面貌、国家的面貌、人民的面貌、军队的面貌、中华民族的面貌发生了前所未有的变化。中国特色社会主义进入了新时代，这是中国发展新的历史方位。

中国特色社会主义进入新时代，社会主要矛盾已经转化为人民日益增长的美好生活需要和不平衡不充分的发展之间的矛盾。中国稳定解决了十几亿人的温饱问题，总体上实现小康，正向全面建成小康社会迈进，人民不仅对物质文化生活提出更高要求，而且在民主、法治、公平、正义、安全、环境等方面的要求日益增长。

要正确认识新时代中国社会主要矛盾，一方面必须看到，社会主要矛盾的变化是关系全局的历史性变化，中国要在继续推动发展的基础上，着力解决好发展不平衡不充分问题，更好推动人的全面发展、社会全面进步，更好满足人民日益增长的美好生活需要；另一方面也必须看到，社会主要矛盾的变化没有改变中国所处的历史阶段，中国仍处于并将长期处于社会主义初级阶段的基本国情没有变，中国是世界最大发展中国家的国际地位没有变。

习近平新时代中国特色社会主义思想

十八大以来，以习近平为主要代表的中国共产党人，顺应时代发展，从理论和实践结合上系统回答了新时代坚持和发展什么样的中国特色社会主义、怎样坚持和发展中国特色社会主义这个重大时代课题，创立了习近平新时代中国特色社会主义思想。习近平新时代中国特色社会主义思想是对马克思列宁主义、毛泽东思想、邓小平理论、"三个代表"重要思想、科学发展观的继承和发展，是马克思主义中国化的最新成果，是中国共产党和中国人民实践经验和集体智慧的结晶，是中国特色社会主义理论体系的重要组成部分，是全党全国人民为实现中华民族伟大复兴而奋斗的行动指南，必须长期坚持并不断发展。

2017年10月，中共十九大审议并一致通过《中国共产党章程（修正案）》，把习近平新时代中国特色社会主义思想正式写入《中国共

2018年3月,根据十三届全国人大一次会议通过的《中华人民共和国宪法修正案》修正的《中华人民共和国宪法》单行本及宣誓本摆上了书店展台。

产党章程》,确立为必须长期坚持的指导思想,实现了中国共产党指导思想的与时俱进。这是一个历史性决策和历史性贡献。

2018年3月,十三届全国人大一次会议经投票表决,通过了《中华人民共和国宪法修正案》,把习近平新时代中国特色社会主义思想载入《中华人民共和国宪法》,实现了国家指导思想的与时俱进,反映了全国各族人民的共同意志和全社会的共同意愿。

开启全面建设社会主义现代化国家新征程

中共十九大指出,从现在到2020年是全面建成小康社会决胜期;从十九大到二十大是"两个一百年"(2021年中国共产党成立100周年,2049年中华人民共和国成立100周年)奋斗目标的历史交汇期。全党全国人民既要全面建成小康社会、实现第一个百年奋斗目标,又要乘势而上开启全面建设社会主义现代化国家新征程,向第二个百年奋斗目标进军。

综合分析国际国内形势和当前发展条件，中共十九大对2020年到21世纪中叶的国家发展作出了两个阶段的部署：第一个阶段，从2020年到2035年，在全面建成小康社会的基础上，再奋斗15年，基本实现社会主义现代化；第二个阶段，从2035年到21世纪中叶，在基本实现现代化的基础上，再奋斗15年，把中国建成富强民主文明和谐美丽的社会主义现代化强国。中共十九大认为："到那时，我国物质文明、政治文明、精神文明、社会文明、生态文明将全面提升，实现国家治理体系和治理能力现代化，成为综合国力和国际影响力领先的国家，全体人民共同富裕基本实现，我国人民将享有更加幸福安康的生活，中华民族将以更加昂扬的姿态屹立于世界民族之林。"

从2020年全面建成小康社会，到2035年基本实现社会主义现代化，再到21世纪中叶全面建成社会主义现代化强国，是新时代中国特色社会主义发展的战略安排。中共十九大号召全党全国人民，要坚忍不拔、锲而不舍，奋力谱写社会主义现代化新征程的壮丽篇章。

深化党和国家机构改革

2018年2月，中共十九届三中全会在北京举行。全会审议通过了《中共中央关于深化党和国家机构改革的决定》和《深化党和国家机构改革方案》，同意把《深化党和国家机构改革方案》的部分内容按照法定程序提交十三届全国人大一次会议审议。中共中央的决定对深化党和国家机构改革的指导思想、目标、原则和任务作出了全面部署。

2018年3月，十三届全国人大一次会议在北京举行。大会选举习近平为中华人民共和国主席、中华人民共和国中央军事委员会主席，决定李克强为国务院总理，选举栗战书为全国人大常委会委员长，审议通过《中华人民共和国宪法修正案》《中华人民共和国监察法》《第十三届全国人民代表大会第一次会议关于国务院机构改革方案的决定》等。同月，全国政协十三届一次会议选举汪洋为全国政协主席。会后，中共中央印发《深化党和国家机构改革方案》并发出通知，要求各地区各部门结合实际认真贯彻执行。

浙江丽水千年畲乡老竹镇利用当地喀斯特地貌资源优势发展乡村旅游,助推乡村振兴。图为2018年12月1日,游客体验篝火晚会。

深化党和国家机构改革是对党和国家组织结构和管理体制的一次系统性、整体性重构,适应新时代要求的党和国家机构职能体系主体框架初步建立,为完善和发展中国特色社会主义制度、推进国家治理体系和治理能力现代化提供了有力保障。2019年7月,深化党和国家机构改革总结会议在北京召开,充分肯定了深化党和国家机构改革的重大成效和宝贵经验。

扎实推动高质量发展

中国特色社会主义进入新时代,基本特征之一就是中国经济由高速增长阶段转入高质量发展阶段。中共十九大以来,全党全国人民坚持稳中求进工作总基调,坚持贯彻新发展理念,按照高质量发展的要求,统筹推进"五位一体"总体布局,协调推进"四个全面"战略布局,坚定实施科教兴国战略、人才强国战略、创新驱动发展战略、乡村振兴战略、区域协调发展战略、可持续发展战略、军民融合发展战略，重点抓好防范化解重大风险、精准脱贫、污染防治三大攻坚战，在决胜全面建成小康社会的新征程上迈出新的步伐。

中国综合国力持续稳步提升，2016—2018年国内生产总值连续跨越70万、80万和90万亿元大关，2018年达到900309亿元，占世界经济的比重接近16%，对世界经济增长的贡献率接近30%。全方位对外开放不断扩大，2018年实际使用外商直接投资1350亿美元，连续两年成为全球第二大外资流入国。

2018年全国居民人均可支配收入达到28228元，全国居民人均消费支出为19853元。农村居民人均可支配收入实际增速连续多年快于城镇居民，城乡居民收入差距不断缩小。2012至2018年年末，全国农村贫困人口从9899万人减少到1660万人，累计减少8239万人；贫困发生率从10.2%下降至1.7%，贫困地区群众生产生活条件明显改善。

不忘初心 牢记使命

2019年迎来了中华人民共和国成立70周年。一切向前走，都不能忘记走过的路；走得再远、走到再光辉的未来，也不能忘记走过的过去，不能忘记为什么出发。为中国人民谋幸福，为中华民族谋复兴，是中国共产党人的初心和使命，也是中华人民共和国的初心和使命。在新中国成立70周年的重要时间节点，坚持不忘初心、继续前进，具有特别重要的意义。

2019年5月，中共中央召开政治局会议和主题教育工作会议，决定从6月开始，以县处级以上领导干部为重点，在全党分两批开展"不忘初心、牢记使命"主题教育，推动全党"守初心、担使命，找差距、抓落实"，奋力夺取新时代中国特色社会主义新胜利。

不忘初心，方得始终。中国特色社会主义进入新时代，在中华人民共和国发展史上、中华民族发展史上具有重大意义，意味着近代以来久经磨难的中华民族迎来了从站起来、富起来到强起来的伟大飞跃，迎来了实现中华民族伟大复兴的光明前景。唯有不忘初心、继续前进，方可在中国共产党正确领导下，创造国家、民族和中国人民更加美好的未来。

后 记

2019年3月4日，习近平在全国政协文艺界社科界联组会议上指出："今年是新中国成立70周年。70年砥砺奋进，我们的国家发生了天翻地覆的变化。无论是在中华民族历史上，还是在世界历史上，这都是一部感天动地的奋斗史诗。希望大家深刻反映70年来党和人民的奋斗实践，深刻解读新中国70年历史性变革中所蕴藏的内在逻辑，讲清楚历史性成就背后的中国特色社会主义道路、理论、制度、文化优势，更好用中国理论解读中国实践，为党和人民继续前进提供强大精神激励。"本书的写作力求以习近平的重要讲话精神为遵循，简洁而全面地展示新中国70年的光辉历程、伟大成就和宝贵经验。

本书是以经中央审定批准出版的《中华人民共和国史稿》为基础编写的。中国社会科学院当代中国研究所李正华（负责第一章）、刘国新（负责第二章、第三章）、陈东林（负责第四章）、张星星（负责第五章、第六章）、张金才（负责第七章）、罗燕明（负责第八章）、郑有贵（负责第九章、第十章）提供了本书初稿，张星星对全书作了修改、调整和补充。于俊霄负责组织协调工作。五洲传播出版社对本书的编写和出版给予了全力支持。在此，谨向所有对本书给予帮助和支持的单位和人员致以深深谢意。

由于水平有限，书中难免有错漏之处，敬请读者提出宝贵意见。

编 者

2019年7月